KB177466

탑승 수속부터 수하물 안내까지 한 권으로 배우는

항공 실무 중국어

이종순, 이의선, 양현주 지음

동양북스

항공 실무 중국어

초판 1쇄 발행 | 2020년 3월 2일
초판 1쇄 인쇄 | 2020년 3월 10일

지은이 | 이종순, 이의선, 양현주
발행인 | 김태웅
편집장 | 강석기
편 집 | 조유경, 신효정
디자인 | 정혜미, 남은혜
마케팅 | 나재승
제 작 | 현대순

발행처 | (주)동양북스
등 록 | 제 2014-000055호(2014년 2월 7일)
주 소 | 서울시 마포구 동교로22길 14 (04030)
전 화 | (02)337-1737
팩 스 | (02)334-6624

http://www.dongyangbooks.com
m.dongyangbooks.com(모바일)

ISBN 979-11-5768-596-7 13720

이 도서의 국립중앙도서관 출판예정도서목록(CIP)은 서지정보유통지원시스템 홈페이지(http://seoji.nl.go.kr)
와 국가자료공동목록시스템(http://www.nl.go.kr/kolisnet)에서 이용하실 수 있습니다.
(CIP제어번호:CIP2020005438)

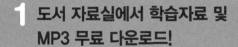

500만 독자가 선택한

가장 쉬운
독학 일본어 첫걸음
14,000원

가장 쉬운
독학 중국어 첫걸음
14,000원

가장 쉬운
독학 베트남어 첫걸음
15,000원

가장 쉬운
독학 스페인어 첫걸음
15,000원

가장 쉬운
독학 프랑스어 첫걸음
16,500원

가장 쉬운
독학 태국어 첫걸음
16,500원

가장 쉬운
프랑스어 첫걸음의 모든 것
17,000원

가장 쉬운
독일어 첫걸음의 모든 것
18,000원

가장 쉬운
스페인어 첫걸음의 모든 것
14,500원

첫걸음 베스트 1위!

동양북스
www.dongyangbooks.com
m.dongyangbooks.com

가장 쉬운 러시아어
첫걸음의 모든 것
16,000원

가장 쉬운 이탈리아어
첫걸음의 모든 것
17,500원

가장 쉬운 포르투갈어
첫걸음의 모든 것
18,000원

버전업! 가장 쉬운
베트남어 첫걸음
16,000원

가장 쉬운 터키어
첫걸음의 모든 것
16,500원

버전업! 가장 쉬운
아랍어 첫걸음
18,500원

가장 쉬운 인도네시아어
첫걸음의 모든 것
18,500원

버전업! 가장 쉬운
태국어 첫걸음
16,800원

가장 쉬운 영어
첫걸음의 모든 것
16,500원

버전업! 굿모닝
독학 일본어 첫걸음
14,500원

가장 쉬운 중국어
첫걸음의 모든 것
14,500원

가장 쉬운 독학
중국어 첫걸음

가장 쉬운 독학
일본어 첫걸음

오늘부터는 팟캐스트로 공부하자!

팟캐스트 무료 음성 강의

▶ 1

iOS 사용자

Podcast 앱에서
'동양북스' 검색

▶ 2

안드로이드 사용자

플레이스토어에서 '팟빵' 등
팟캐스트 앱 다운로드,
다운받은 앱에서
'동양북스' 검색

▶ 3

PC에서

팟빵(www.podbbang.com)에서
'동양북스' 검색
애플 iTunes 프로그램에서
'동양북스' 검색

◉ **현재 서비스 중인 강의 목록** (팟캐스트 강의는 수시로 업데이트 됩니다.)

- 가장 쉬운 독학 일본어 첫걸음
- 페이의 적재적소 중국어
- 가장 쉬운 독학 중국어 첫걸음
- 중국어 한글로 시작해
- 가장 쉬운 독학 베트남어 첫걸음

머리말

　　항공사 이용객의 증가 및 항공 여행 대중화의 영향으로 향후 항공 운송 서비스 산업은 끊임없이 발전할 것입니다. 특히 중국 관광 시장의 확대 및 중국인 승객 증가로 말미암아 많은 항공사의 중국 노선이 확대되고 있습니다.

이에 대비하여 항공사 여객 운송 서비스 지상직, 객실 승무직 등 일선 직원들에 대한 항공 서비스 중국어 교재가 필요한 상황입니다.

본서의 집필진은 관광중국어과, 항공서비스과 교수로서 학생들을 가르쳐 본 경험을 바탕으로 보다 쉽고도 현장에서 활용 가능한 항공 실무 중국어 교재를 만들기 위해 중국어 자료 및 항공사 업무 관련 자료를 충분히 수집하여 본서를 집필하였습니다.

이 책은 초급 중국어 학습자들을 대상으로 항공사 이용 승객이 공항에 도착해서 출국 준비를 하고 항공기를 이용하여 목적지까지 도착하는 모든 일련의 과정에 대한 항공 업계 종사자들과 승객들의 소통을 다루었으며, 다음과 같은 내용 구성의 특징이 있습니다.

첫째, 학습자들의 동기 부여를 위해 항공 관련 상식을 퀴즈와 함께 실어 재미있게 항공 실무 역량을 키울 수 있도록 하였으며, 그림 보고 말하기 코너를 통해 본문에 대한 사전 지식 및 이해도를 높이도록 하였습니다.
둘째, 회화 및 안내 방송 코너에 중국어와 영어 표현을 함께 수록하여 학습자들의 글로벌 의사소통 능력 향상을 도모하였습니다.
셋째, 연습 문제는 HSK 문제 형식으로 구성하였고, 읽고 써 보며 재확인하기 코너를 마련하여 학습한 내용을 공고히 하고자 하였으며, 간체자 쓰기 코너에 확인 도장란을 만들어 배운 내용에 대한 간단한 평가와 더불어 학습자들의 성취 의욕을 높이고자 하였습니다.

또한 본문 단어와 회화를 수록한 휴대용 미니북을 만들어 필요시 사용할 수 있도록 마련하였습니다.

마지막으로 항공사 여객 운송 서비스 지상직, 객실 승무직을 희망하는 학습자들이 본서를 적극 활용하여 전공 지식과 중국어 활용 능력을 배양함으로써 항공사 입사에 대한 동기 부여와 직무에 따른 자질과 역량을 갖추는 데 도움이 되기를 바랍니다.

그동안 이 책의 출판을 위해 애써 주신 동양북스 김태웅 사장님과 중국어 편집부에 진심으로 감사드립니다.

2020년 2월 저자 일동

차례

탑승 전

이륙 전

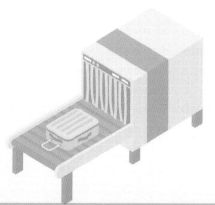

착륙 전후

도착 후

비행 중

학습 내용

주제		학습 내용
01 **탑승 수속**	항공 상식	항공기 탑승 시 반입이 금지되는 품목
	회화	1. 탑승 수속 2. 위탁 수하물 처리
	안내 방송	탑승 수속 안내
	실력 향상 회화	좌석 배정
	어법	조동사 要 ｜ 조사 的 ｜ 양사 件 ｜ 지시대사 这
02 **보안 검색 /** **VIP 라운지 서비스**	항공 상식	인천국제공항의 출국 절차
	회화	1. 보안 검색 2. VIP 라운지
	안내 방송	지연 안내
	실력 향상 회화	VIP 라운지 서비스 안내
	어법	결과보어 到 ｜ 几의 여러 가지 용법 ｜ 시간 읽는 법 ｜ 연, 월, 일, 요일의 표현
03 **탑승 게이트**	항공 상식	항공사 지상직원이 되는 길
	회화	1. 노약자 우선 탑승 2. 이코노미석 탑승
	안내 방송	탑승 안내
	실력 향상 회화	탑승 마감 안내
	어법	어기조사 了 ｜ 의문대사 怎么 ｜ 개사 在 ｜ 접속사 先…然后
04 **탑승 안내**	항공 상식	항공사 객실승무원의 업무
	회화	1. 좌석 안내 2. 짐 있는 승객 돕기
	안내 방송	탑승 환영 및 휴대 수하물 안내
	실력 향상 회화	비상구 좌석 안내
	어법	사역동사 让 ｜ 수량사 一下 ｜ 방위사 上边 ｜ 접속사 那(么)
05 **이륙 전 안전 점검**	항공 상식	기내 안전 점검 내용과 중요성
	회화	1. 좌석벨트 확인 2. 안전 점검
	안내 방송	탑승 환영 및 비행 시간 안내
	실력 향상 회화	화장실 사용 금지 안내
	어법	太…了 ｜ 임박태 就要…了 ｜ 접속사 或(者) ｜ 명사 时
06 **식음료 서비스**	항공 상식	기내 식음료 서비스 절차
	회화	1. 음료 서비스 2. 식사 서비스
	안내 방송	좌석벨트 상시 착용 안내
	실력 향상 회화	와인 서비스
	어법	请问 ｜ 선택의문문 还是 ｜ 개사 把 ｜ 개사 给

이 책의 활용

본책

준비하기
중국어 기초 상식, 발음, 미리 알아 두면 좋은 표현 등을 학습합니다.

도입
학습 목표와 내용을 확인합니다.

항공 상식과 Quiz
흥미로운 항공 상식을 읽고 퀴즈를 풀어 봅니다.

단어
본문 회화에 나온 새 단어를 확인합니다.

★ 제시된 빈칸을 활용하여 쓰면서 바로 암기해 보세요.

그림 보고 말하기
그림과 퀴즈를 통해 본문 내용을 미리 학습합니다.

회화 1, 2
해당 과 주제와 관련된 회화 두 가지를 학습합니다.

★ 하단에 제시된 영어 버전도 확인해 보세요.

안내 방송
방송문을 중국어, 한국어, 영어 버전으로 학습합니다.

실력 향상 회화
본문 회화 외에 자주 발생하는 상황의 회화문을 통해 실력을 향상시킬 수 있습니다.

★ 점선을 따라 뒤로 접어 읽고, 쓰며 암기해 보세요.

어법

주요 어법을 예문과 함께 학습합니다.

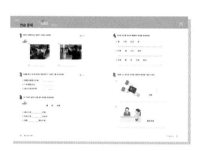

연습 문제

다양한 유형의 연습 문제를 통해 본문에서
학습한 내용을 점검할 수 있습니다.

읽고 써 보며 재확인하기

배운 내용을 읽고 써 보며 스스로 완전하게 이해할 수 있습니다.

간체자 쓰기

획순을 확인하면서 간체자 쓰기를 연습할 수 있습니다.

본문 단어와 회화를 수록한 미니북입니다.
반복하며 암기할 수 있도록 구성했습니다.

동양북스 홈페이지에서 MP3 음원을
무료로 다운로드 받으실 수 있습니다.

www.dongyangbooks.com

00

준비하기

●●●● **학습 목표** | 본문 학습 전에 필요한 중국어 기초 상식, 발음, 미리 알아

두면 좋은 표현을 익힐 수 있다.

●●●● **학습 내용** | ☐ 기초 상식 ☐ 발음 ☐ 미리 알아 두기

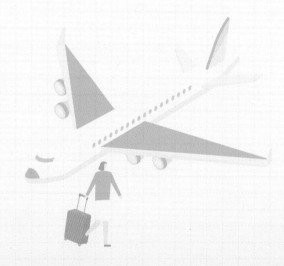

기초 상식

 중국어와 한어

중국인들은 중국어를 한어(汉语 Hànyǔ)라고 부릅니다. 56개의 민족으로 이루어진 중국은 한족이 92%를 차지하고 있어 汉민족의 언어라는 의미로 한어(汉语 Hànyǔ)라고 부르며 소수민족어와 구별하고 있습니다. 또한 전국적으로 통용될 수 있는 표준어를 제정하여 사용하는데 이를 푸통화(普通话 pǔtōnghuà)라고 합니다. 푸통화는 북경음을 표준음으로 하고, 북방 방언을 기초 방언으로 합니다.

$$汉语 \quad Hànyǔ$$

 번체자와 간체자

한자를 문자로 사용하는 중국에서는 기존 번체자(繁体字 fántǐzì)의 복잡한 획수를 간단하게 줄여, 쉽게 배우고 익힐 수 있게 1956년 이후 간체자(简体字 jiǎntǐzì)를 제정하여 사용하고 있습니다. 현재 중국 대륙에서는 간체자를 사용하고 대만, 홍콩에서는 번체자를 사용합니다.

飛機 ➡ 飞机

번체자   간체자

 **한어병음**

중국어는 뜻글자인 한자를 사용하므로 한자 자체로는 소리를 표기할 수 없습니다. 따라서 중국에서는 1958년 한어병음방안(汉语拼音方案 Hànyǔ Pīnyīn Fāng'àn)을 제정하여 한자의 음성 표기를 합니다. 한어병음(汉语拼音 Hànyǔ Pīnyīn)은 한자의 발음을 로마자로 표기하고, 그 위에 성조를 덧붙이는 방식입니다.

 음절 구조

중국어의 음절은 성모(声母 shēngmǔ), 운모(韵母 yùnmǔ), 성조(声调 shēngdiào)로 이루어져 있습니다.

飞 fēi ——— 성조

성모 운모

발음

⚡ 성모

중국어 음절의 첫 부분에 오는 소리를 말합니다.

성모표

 00-01

발음 위치	성모			
쌍순음(双脣音)	b(o)	p(o)	m(o)	
순치음(脣齿音)	f(o)			
설첨음(舌尖音)	d(e)	t(e)	n(e)	l(e)
설근음(舌根音)	g(e)	k(e)	h(e)	
설면음(舌面音)	j(i)	q(i)	x(i)	
권설음(卷舌音)	zh(i)	ch(i)	sh(i)	r(i)
설치음(舌齿音)	z(i)	c(i)	s(i)	

> **TIP** 성모 (zh, ch, sh, r, z, c, s) + i = (-i)[으]로 읽고, 나머지는 (i)[이]로 읽습니다.

⚡ 운모

중국어 음절에서 성모를 제외한 나머지 부분을 말합니다.

운모표

 00-02

기본운모	결합운모								
a	ai	ao	an	ang					
o	ou	ong							
e	ei	en	eng	er					
i(yi)	ia	ie	iao	iou	ian	in	iang	ing	iong
u(wu)	ua	uo	uai	uei	uan	uen	uang	ueng	
ü(yu)	üe	üan	ün						

> **TIP** er은 혀를 말아 올려 내는 소리입니다. 우리말의 '얼'에 해당합니다.
> 예 huā(huār) 花 꽃   yìdiǎn(yìdiǎnr) 一点儿 조금
> **TIP** 빨간색으로 표시된 운모의 발음에 주의하세요.

✨ 성조

🎧 00-03

음의 높낮이를 말합니다. 성조가 다르면 그 뜻도 달라지므로 성조를 정확하게 익혀야 합니다.

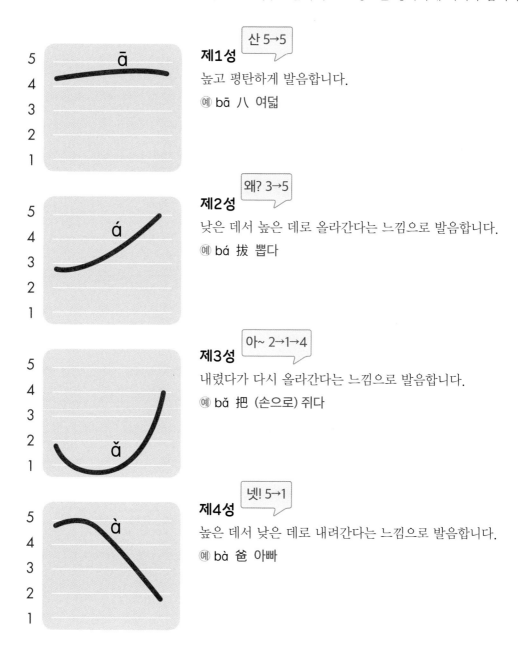

제1성 〔산 5→5〕

높고 평탄하게 발음합니다.

예 bā 八 여덟

제2성 〔왜? 3→5〕

낮은 데서 높은 데로 올라간다는 느낌으로 발음합니다.

예 bá 拔 뽑다

제3성 〔아~ 2→1→4〕

내렸다가 다시 올라간다는 느낌으로 발음합니다.

예 bǎ 把 (손으로) 쥐다

제4성 〔넷! 5→1〕

높은 데서 낮은 데로 내려간다는 느낌으로 발음합니다.

예 bà 爸 아빠

경성은 성조 표기를 하지 않고 짧고 가볍게 발음합니다.

예 māma 妈妈 엄마, bàba 爸爸 아빠

발음

 한어병음 표기 규칙

1) 성조는 운모 위에 표기합니다.

　예 mā 妈 어머니　　　　　　　dú 读 읽다

2) 운모가 두 개 이상일 경우 성조는 주요 모음 순서에 따라 표기합니다.

주요 모음

$$a \rangle o, e \rangle i, u, ü$$

　예 fēijī 飞机 비행기　　　　　zǒu 走 걷다

3) i 위에 성조를 표기할 때는 i 위의 점은 생략합니다.

　예 yíxià(r) 一下 한번　　　　yìxíng 一行 일행

4) i와 u가 나란히 있을 경우 뒤에 오는 운모에 성조를 표기합니다.

　예 guì 贵 비싸다　　　　　　jiǔ 九 9

5) j, q, x와 운모 ü가 결합할 때는 ü의 두 점을 생략합니다.

　예 ju　　　qu　　　xu　　　jue　　　que　　　xue
　　 juan　 quan　 xuan　 jun　　 qun　　 xun

6) 다른 음절 뒤에 a, o, e로 시작하는 음절이 오면 음절 간의 혼동 때문에 격음(')부호를 사용하여 구분해 줍니다.

　예 Xī'ān 西安 서안　　　　Tiān'ān Mén 天安门 천안문

성조 변화

제 3성의 변화

🎧 00-04

1) 3성과 3성이 연이어 있을 때는 앞의 3성을 2성으로 읽습니다. 단 성조 표기는 바뀌지 않습니다.

$$ \lor + \lor \quad \Rightarrow \quad / + \lor $$

예 Nǐ hǎo! 你好! 안녕하십니까!

2) 3성은 1성, 2성, 4성, 경성 앞에서는 반 3성으로 발음합니다. 반 3성이란 3성에서 음이 내려가는 부분만 발음하는 것을 말합니다. 단 성조 표기는 바뀌지 않습니다.

예 Běijīng 北京 베이징   lǚxíng 旅行 여행(하다)

　 lǚkè 旅客 여객   xǐhuan 喜欢 좋아하다

一와 不의 성조 변화

🎧 00-05

1) 一의 원래 성조는 1성(yī)이고 不의 원래 성조는 4성(bù)입니다.

예 dì-yī 第一 제1   bù 不 아니다

2) 4성이나 4성이 경성으로 변한 음절 앞에서는 2성으로 발음합니다. 이때 성조는 바뀐 성조로 표기합니다.

예 yí lù 一路 도중   búcuò 不错 괜찮다   yí ge 一个 한 개

3) 1성, 2성, 3성 앞에서는 4성으로 발음합니다. 이때 성조는 바뀐 성조로 표기합니다.

예 yì jiā 一家 한 집   bù néng 不能 ~할 수 없다   yìqǐ 一起 함께

문장 연습 🎧 00-06   ☑☐☐

Wǒ shì xuésheng. 我是学生。 저는 학생입니다.

Wǒ xǐhuan lǚxíng. 我喜欢旅行。 저는 여행을 좋아합니다.

✩ 한어병음표

	a	o	e	-i	i	u	ü	er	ai	ei	ao	ou	ia	ie	iao	iou (iu)	ua	uo	uai	uei (ui)
b	ba	bo			bi	bu			bai	bei	bao			bie	biao					
p	pa	po			pi	pu			pai	pei	pao	pou		pie	piao					
m	ma	mo	me		mi	mu			mai	mei	mao	mou		mie	miao	miu				
f	fa	fo				fu				fei		fou								
d	da		de		di	du			dai	dei	dao	dou		die	diao	diu		duo		dui
t	ta		te		ti	tu			tai		tao	tou		tie	tiao			tuo		tui
n	na		ne		ni	nu	nü		nai	nei	nao	nou		nie	niao	niu		nuo		
l	la		le		li	lu	lü		lai	lei	lao	lou	lia	lie	liao	liu		luo		
g	ga		ge			gu			gai	gei	gao	gou					gua	guo	guai	gui
k	ka		ke			ku			kai	kei	kao	kou					kua	kuo	kuai	kui
h	ha		he			hu			hai	hei	hao	hou					hua	huo	huai	hui
j					ji		ju						jia	jie	jiao	jiu				
q					qi		qu						qia	qie	qiao	qiu				
x					xi		xu						xia	xie	xiao	xiu				
zh	zha		zhe	zhi		zhu			zhai	zhei	zhao	zhou					zhua	zhuo	zhuai	zhui
ch	cha		che	chi		chu			chai		chao	chou					chua	chuo	chuai	chui
sh	sha		she	shi		shu			shai	shei	shao	shou					shua	shuo	shuai	shui
r			re	ri		ru					rao	rou					rua	ruo		rui
z	za		ze	zi		zu			zai	zei	zao	zou						zuo		zui
c	ca		ce	ci		cu			cai		cao	cou						cuo		cui
s	sa		se	si		su			sai		sao	sou						suo		sui
	a	o	e		yi	wu	yu	er	ai	ei	ao	ou	ya	ye	yao	you	wa	wo	wai	wei

	an	en	ang	eng	ong	ian	in	iang	ing	iong	uan	uen (un)	uang	ueng	üe	üan	ün
b	ban	ben	bang	beng		bian	bin		bing								
p	pan	pen	pang	peng		pian	pin		ping								
m	man	men	mang	meng		mian	min		ming								
f	fan	fen	fang	feng													
d	dan	den	dang	deng	dong	dian			ding		duan	dun					
t	tan		tang	teng	tong	tian			ting		tuan	tun					
n	nan	nen	nang	neng	nong	nian	nin	niang	ning		nuan				nüe		
l	lan		lang	leng	long	lian	lin	liang	ling		luan	lun			lüe		
g	gan	gen	gang	geng	gong						guan	gun	guang				
k	kan	ken	kang	keng	kong						kuan	kun	kuang				
h	han	hen	hang	heng	hong						huan	hun	huang				
j						jian	jin	jiang	jing	jiong					jue	juan	jun
q						qian	qin	qiang	qing	qiong					que	quan	qun
x						xian	xin	xiang	xing	xiong					xue	xuan	xun
zh	zhan	zhen	zhang	zheng	zhong						zhuan	zhun	zhuang				
ch	chan	chen	chang	cheng	chong						chuan	chun	chuang				
sh	shan	shen	shang	sheng							shuan	shun	shuang				
r	ran	ren	rang	reng	rong						ruan	run					
z	zan	zen	zang	zeng	zong						zuan	zun					
c	can	cen	cang	ceng	cong						cuan	cun					
s	san	sen	sang	seng	song						suan	sun					
	an	en	ang	eng		yan	yin	yang	ying	yong	wan	wen	wang	weng	yue	yuan	yun

미리 알아 두기

🌟 문장 성분

중국어의 문장 성분에는 주어, 술어, 목적어, 관형어, 부사어, 보어 등이 있습니다.

🌟 기본 문장 구조

중국어는 기본적으로 '주어 + 술어'로 이루어집니다. 술어를 담당하는 품사 또는 문장 성분에 따라 다음과 같이 4가지의 술어문으로 나눌 수 있습니다.

1) 동사술어문: 동사가 술어를 담당하는 문장으로, 동사 뒤에 목적어를 동반합니다.

주어 + 술어(동사) + 목적어 ➡ **我坐飞机。**　　저는 비행기를 탑니다.
　　　　　　　　　　　　　　　 Wǒ zuò fēijī.

2) 형용사술어문: 형용사가 술어를 담당하는 문장으로, 형용사 앞에 주로 부사를 동반합니다.

주어 + 부사 + 술어(형용사) ➡ **飞机很大。**　　비행기는 큽니다.
　　　　　　　　　　　　　　　　 Fēijī hěn dà.

3) 명사술어문: 명사가 술어를 담당하는 문장으로, 주로 '시간', '날짜', '나이', '날씨' 등을 표현할 때 쓰이며 '是'를 동반하거나 생략합니다.

주어 + 是 + 술어(명사) ➡ **这是飞机。**　　이것은 비행기입니다.
　　　　　　　　　　　　　　 Zhè shì fēijī.

4) 주술술어문: 주어와 술어가 술어 부분을 담당하는 문장으로, 한국어의 이중주어문과 비슷합니다.

주어1 + 술어(주어2 + 술어) ➡ **飞机里人很多。**　　비행기 안에 사람이 많습니다.
　　　　　　　　　　　　　　　　 Fēijī li rén hěn duō.

✰ 수사

1	2	3	4	5
一 yī	二 èr	三 sān	四 sì	五 wǔ
6	7	8	9	10
六 liù	七 qī	八 bā	九 jiǔ	十 shí
11	20	30	40	50
十一 shíyī	二十 èrshí	三十 sānshí	四十 sìshí	五十 wǔshí
60	70	80	90	100
六十 liùshí	七十 qīshí	八十 bāshí	九十 jiǔshí	一百 yìbǎi

TIP 숫자 0은 零 líng으로 발음합니다.

✰ 인칭대사

	1인칭	2인칭	3인칭
단수	我 wǒ 나	你 nǐ 너, 您 nín 당신	他 tā 그, 她 tā 그녀, 它 tā 그것
복수	我们 wǒmen 우리	你们 nǐmen 너희	他们 tāmen 그들, 她们 tāmen 그녀들, 它们 tāmen 그것들

01

탑승 수속

●●●● **학습 목표 |** 탑승 수속과 수하물 위탁 처리에 필요한 표현을 할 수 있다.

●●●● **학습 내용 |** ☐ 조동사 要 ☐ 조사 的 ☐ 양사 件 ☐ 지시대사 这

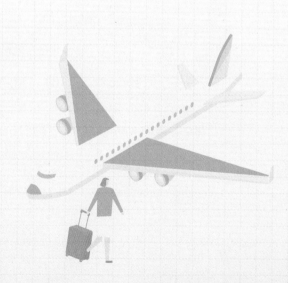

항공 상식과 Quiz

항공기 탑승 시 반입이 금지되는 품목

　항공기를 이용하는 모든 승객은 탑승 전 기내 반입 금지 품목을 꼭 확인해야 합니다. 이러한 규정은 항공기 안전 운항과 승객의 안전을 위해 반드시 준수해야 합니다.

　많은 승객들이 반입하려다가 곤란한 상황이 발생한 물품은 액체류입니다. 액체, 젤, 스프레이부터 음식에 곁들여 먹는 잼이나 고추장도 액체로 간주됩니다. 액체류는 100ml 이하 용기에 담아 투명 비닐 지퍼백에 넣은 경우 1인당 1L짜리 한 개까지는 반입 가능하지만 이를 초과하는 경우에는 위탁 수하물로 부쳐야 합니다. 무기류로 분류되는 과도

나 면도칼, 창, 도검류, 다용도 칼도 기내 반입이 금지되어 있습니다. 다용도 칼의 경우 기내 반입이 된다고 오해하는 승객이 많지만 무기류로 분류되어 기내 반입이 금지되니 위탁 수하물로 부쳐야 합니다. 총기 및 호신용품도 기내에 절대 반입이 불가능합니다. 어린이 승객이 실제 총기와 유사한 모양의 장난감 총을 가지고 가는 경우에도 기내 반입이 금지되므로 위탁 수하물로 부쳐야 합니다. 또한, 한국 출발편 미국행의 경우, 350ml 이상의 분말류는 기내 반입이 금지됩니다. 이는 분말가루로 만든 폭발물이 항공기 테러에 이용될 가능성에 따른 조치로 파우더, 분유 등의 가루 물질 반입 시 주의해야 합니다.

　각종 테러와 사고의 위험이 커지면서 예상치도 못했던 물건들이 기내 반입 금지되는 경우가 있습니다. 이는 우리 모두의 안전한 비행을 위해 규정된 것이므로 금지 품목과 관련 규정을 정확하게 숙지하고 이를 준수해야 합니다.

Quiz

1) 기내 반입 가능한 액체류의 기준은 무엇인가요?
2) 장난감 총을 가져갈 수 있는 방법은 무엇인가요?
3) 한국 출발 미국행 항공편의 경우, 350ml 이상의 분말가루가 기내 반입이 안 되는 이유는 무엇인가요?

단어

💬 회화 1

 01-01

따라 쓰기 ✏️

地勤人员 dìqín rényuán 몡 지상직원

你 nǐ 때 너, 자네, 당신

好 hǎo 혱 좋다, 안녕하다

旅客 lǚkè 몡 여객, 여행객

我 wǒ 때 나, 저

要 yào 조동 ~하려고 한다

办理 bànlǐ 동 처리하다

登机 dēngjī 동 (비행기에) 탑승하다

手续 shǒuxù 몡 수속, 절차

请 qǐng 동 요청하다, 부탁하다

出示 chūshì 동 제시하다, 내보이다

您 nín 때 당신, 선생님, 귀하(你의 존칭)

的 de 조 ~의

护照 hùzhào 몡 여권

给 gěi 동 주다

💬 회화 2

01-02

先生 xiānsheng 몡 선생님, 씨(성인 남성에 대한 경칭)

有 yǒu 동 가지고 있다, 소유하다

行李 xíngli 몡 짐, 수하물

托运 tuōyùn 동 운송을 위탁하다

吗 ma 조 ~까?(문장 끝에서 의문을 나타냄)

两 liǎng 수 2, 둘

件 jiàn 양 개

放 fàng 동 놓아 주다, 풀어 놓다

这 zhè 때 이, 이것

这边 zhèbian 때 여기, 이곳, 이쪽

Ⓐ Ⓑ Ⓒ 영어로 확인하기

passport
护照 여권

baggage
行李 짐, 수하물

consign
托运 운송을 위탁하다

그림 보고 말하기

제시된 그림을 보고 질문에 답하세요.

 보기

要托运行李	两件	北京
yào tuōyùn xíngli	liǎng jiàn	Běijīng

1. 他做什么?   그는 무엇을 하나요?
   Tā zuò shénme?

2. 他有几件行李?   그는 짐이 몇 개 있나요?
   Tā yǒu jǐ jiàn xíngli?

3. 他要去哪儿?   그는 어디에 가려고 하나요?
   Tā yào qù nǎr?

회화 1

탑승 수속

01-03

地勤人员	你好！ Nǐ hǎo!
旅客	我要❶办理登机手续。 Wǒ yào bànlǐ dēngjī shǒuxù.
地勤人员	请出示您的❷护照。 Qǐng chūshì nín de hùzhào.
旅客	给您。 Gěi nín.

Check in
G Ground Crew P Passenger

G   Hello!
P   I need to check in.
G   Please show me your passport.
P   Here you are.

위탁 수하물 처리　　　　　　　　　　　　　　 01-04

地勤人员　**先生，您有行李要托运吗？**
　　　　　Xiānsheng, nín yǒu xíngli yào tuōyùn ma?

旅客　　　**有，两件❸。**
　　　　　Yǒu, liǎng jiàn.

地勤人员　**行李请放这❹边。**
　　　　　Xíngli qǐng fàng zhèbian.

旅客　　　**好的。**
　　　　　Hǎo de.

Consignment　　　　　　　　　　　　G Ground Crew　P Passenger

G　Sir, do you have any baggage to check in?
P　Yes, two pieces.
G　Please put your baggage here.
P　OK.

탑승 수속 안내

 01-05

前往首尔的旅客请注意:
Qiánwǎng Shǒu'ěr de lǚkè qǐng zhùyì:

您乘坐的DY5804次航班现在开始办理登机手续，
Nín chéngzuò de DY wǔ bā líng sì cì hángbān xiànzài kāishǐ bànlǐ dēngjī shǒuxù,

请您到F柜台办理。谢谢！
qǐng nín dào F guìtái bànlǐ. Xièxie!

 단어

前往 qiánwǎng 통 향하여 가다 | 首尔 Shǒu'ěr 명 서울 | 注意 zhùyì 통 주의하다 | 乘坐 chéngzuò 통 (자동차·배·비행기 등을) 타다 | 次 cì 양 번 | 航班 hángbān 명 항공편 | 现在 xiànzài 명 지금, 현재 | 开始 kāishǐ 통 시작하다 | 到 dào 개 ~에, ~로, ~까지 | 柜台 guìtái 명 카운터 | 谢谢 xièxie 통 감사합니다, 고맙습니다

손님 여러분께 안내 말씀드리겠습니다.
서울로 가는 DY5804 항공편은 지금 F 카운터에서 탑승 수속을 시작하겠습니다.
감사합니다!

Ladies and gentlemen, may I have your attention please:
We are now ready for check-in for Flight DY5804 to Seoul at Counter No. F.
Thank you!

실력 향상 회화

 좌석 배정

STEP 1

다음 단어와 대화를 듣고 따라 읽으며 암기해 보세요.

🎧 01-06

☑ 想 xiǎng	조동 ~하고 싶다
☐ 坐 zuò	동 앉다
☐ 靠窗 kào chuāng	창가
☐ 座位 zuòwèi	명 좌석
☐ 对不起 duìbuqǐ	동 죄송합니다, 미안합니다
☐ 没有 méiyǒu	동 없다
☐ 那 nà	접 그러면, 그렇다면
☐ 就 jiù	부 어떤 상황에 따른 결과를 나타냄
☐ 通道 tōngdào	명 통로
☐ 吧 ba	조 ~하자(건의나 제안의 뜻을 나타냄)
☐ 是 shì	동 ~이다
☐ 和 hé	접 ~와, ~과
☐ 登机牌 dēngjīpái	명 탑승권

STEP 2

STEP 1을 가린 후 중국어로 말하고 써 보세요.

🎧 01-07

旅客	我想坐靠窗的座位。 Wǒ xiǎng zuò kào chuāng de zuòwèi.	여객 창가 자리에 앉고 싶습니다.
地勤人员	对不起，没有靠窗的座位。 Duìbuqǐ, méiyǒu kào chuāng de zuòwèi.	지상직원 죄송하지만 창가 좌석은 없습니다.
旅客	那就坐通道吧。 Nà jiù zuò tōngdào ba.	여객 그럼 통로 쪽에 앉을게요.
地勤人员	这是您的护照和登机牌。 Zhè shì nín de hùzhào hé dēngjīpái.	지상직원 이것은 손님의 여권과 탑승권입니다.

어법

1. 조동사 要

동사 앞에서 동사를 도와주는 것이 조동사입니다. 조동사 '要'는 '~할 것이다', '~하려고 하다'라는 주관적인 의지를 나타냅니다.

我要办理登机手续。　　탑승 수속을 하려고 합니다.
Wǒ yào bànlǐ dēngjī shǒuxù.

我要托运行李。　　짐을 부치려고 합니다.
Wǒ yào tuōyùn xíngli.

부정형은 '不要'가 아니라 '不想'입니다. '不要'는 '~하지 마라'는 금지를 나타냅니다.

A: 你要喝水吗?　　물 드시겠습니까?
　　Nǐ yào hē shuǐ ma?

B: 我不想喝水。　　저는 물 마시기 싫습니다.
　　Wǒ bù xiǎng hē shuǐ.

> **WORD**　喝 hē 동 마시다 | 水 shuǐ 명 물 | 不 bù 부 ~않다

2. 조사 的

'的'는 명사를 한정어로 만드는 조사입니다. 명사에 '的'가 붙어 한정어가 되면 종속 관계나 시간 또는 장소를 나타내며, 우리말의 '~의'에 해당합니다.

请出示您的护照。　　당신의 여권을 제시해 주십시오.
Qǐng chūshì nín de hùzhào.

你有几个要托运的行李?　　부치실 짐은 몇 개가 있습니까?
Nǐ yǒu jǐ ge yào tuōyùn de xíngli?

> **TIP**　行李는 보통 양사로 件을 사용하나 个를 쓸 수도 있습니다.

这是您的登机牌。　　이것은 손님의 탑승권입니다.
Zhè shì nín de dēngjīpái.

> **WORD**　几 jǐ 대 몇 | 个 ge 양 개

인칭대사가 명사를 수식하여 가족이나 친척, 친구 및 소속 단체를 나타낼 때에는 '的'를 생략할 수 있습니다.

那是我们(的)学校。　　저것은 우리들의 학교입니다.
Nà shì wǒmen (de) xuéxiào.

他是我(的)爸爸。　　그는 저의 아버지입니다.
Tā shì wǒ (de) bàba.

> **WORD**　那 nà 대 저, 저것 | 我们 wǒmen 대 우리 | 学校 xuéxiào 명 학교 | 他 tā 대 그 | 爸爸 bàba 명 아버지

3. 양사 件

사물의 수량을 세는 단위를 '양사'라고 합니다. 양사 '件'은 일·사건·개체의 사물을 세는 데 사용합니다. 단, 양사 앞에서 숫자 2는 반드시 '两'으로 써야 합니다.

我有两件行李。   저는 짐이 두 개가 있습니다.
Wǒ yǒu liǎng jiàn xíngli.

我有两件急事。   저는 두 가지 급한 일이 있습니다.
Wǒ yǒu liǎng jiàn jíshì.

我喜欢这件衣服。   저는 이 옷을 좋아합니다.
Wǒ xǐhuan zhè jiàn yīfu.

> WORD   急事 jíshì 몡 급한 일 | 喜欢 xǐhuan 통 좋아하다 | 衣服 yīfu 몡 옷

비교적 사용 범위가 넓은 양사 '个'는 사람이나 사물을 세는 데 두루 쓰입니다.

我有两个妹妹。   저는 여동생이 두 명 있습니다.
Wǒ yǒu liǎng ge mèimei.

> WORD   妹妹 mèimei 몡 여동생

4. 지시대사 这

어떤 사람이나 사물, 장소를 가리키는 경우 지시대사를 사용합니다. 가까운 것과 먼 것 두 가지로 구분하여 가까울 때는 '这'를, 멀 때는 '那'를 사용합니다. 의문을 나타낼 때는 '哪'를 사용합니다.

	가까운 것	먼 것	의문
장소	这儿 zhèr 여기 这边 zhèbian 이곳	那儿 nàr 거기, 저기 那边 nàbian 그곳, 저곳	哪儿 nǎr 어디 哪边 nǎbian 어느 곳
사물	这个 zhège 이것	那个 nàge 그것, 저것	哪个 nǎge 어느 것

护照在这儿。   여권은 여기에 있습니다.
Hùzhào zài zhèr.

行李请放那边。   짐은 저기에 놓으십시오.
Xíngli qǐng fàng nàbian.

行李在哪边？   짐은 어디에 있습니까?
Xíngli zài nǎbian?

> WORD   在 zài 통 ~에 있다, ~에 놓여 있다

연습 문제

1 녹음의 대화를 듣고 알맞은 사진을 고르세요.

01-08

A

B

1) _____

2) _____

2 녹음을 듣고 제시된 문장과 일치하면 O, 다르면 X를 표시하세요.

01-09

1) 我要办理登机手续。　　_____

2) 行李请放这边。　　_____

3) 请出示您的护照。　　_____

3 〈보기〉에서 알맞은 답을 골라 문장을 완성하세요.

要　　的　　办理

1) 请出示您_____护照。

2) 您有行李_____托运吗?

3) 我要_____登机手续。

제시된 단어를 바르게 배열하여 문장을 완성하세요.

1) 请　　行李　　这边　　放

_____。

2) 护照　　请　　出示　　您的

_____。

3) 手续　　要　　我　　办理　　登机

_____。

 그림을 보고 제시된 단어를 사용하여 문장을 만들어 보세요.

1)

护照

_____

2)

登机手续

_____

읽고 써 보며 재확인하기

STEP 1 오늘의 단어 (선 연결하기)

护照	•	•	passport	•	•	운송을 위탁하다
托运	•	•	baggage	•	•	여권
行李	•	•	consign	•	•	짐, 수하물

STEP 2 오늘의 회화 (빈칸 채우기)

A 你好!
Nǐ hǎo!

B 我要办理登机手续。
Wǒ _____ bànlǐ dēngjī shǒuxù.

A 请出示您的护照。
Qǐng chūshì nín de _____.

B 给您。
Gěi nín.

Hint!
A 안녕하십니까?
B 탑승 수속을 하려고 합니다.
A 여권을 제시해 주십시오.
B 여기 있습니다.

STEP 3 오늘의 작문 (빈칸 채우기)

A 先生，您有行李要托运吗?
Xiānsheng, nín yǒu xíngli yào tuōyùn ma?

B 有，_____。
Yǒu, liǎng jiàn.

A 行李请放这边。
Xíngli qǐng fàng zhèbian.

B _____。
Hǎo de.

Hint!
A 손님, 부치실 짐이 있습니까?
B 네, 두 개 있습니다.
A 짐을 이쪽에 놓아 주십시오.
B 알겠습니다.

간체자 쓰기

획순	手续	shǒuxù	수속, 절차

획순: 二 千 手 手 / 纟 纱 绗 纩 纩 纩 纩 纩 纩 续 续

手续 shǒuxù
수속, 절차

手 续　shǒuxù

획순: 癶 癶 癶 癶 癶 癶 癶 登 登 登 登 登 / 札 札 机 机 机 机

登机 dēngjī
(비행기에) 탑승하다

登 机　dēngjī

획순: 屮 屮 屮 出 出 / 二 亓 亓 示 示

出示 chūshì
제시하다, 내보이다

出 示　chūshì

획순: 扌 扌 扌 扩 护 护 / 旷 旷 旷 昭 昭 昭 昭 昭 昭 昭 照 照

护照 hùzhào
여권

护 照　hùzhào

획순: 彳 彳 彳 彳 行 行 行 / 一 十 木 本 李 李 李

行李 xíngli
짐, 수하물

行 李　xíngli

　　上　　中　　下

02

보안 검색 /
VIP 라운지 서비스

•••• **학습 목표** | 보안 검색과 VIP 라운지 서비스 업무에 필요한 표현을 할 수 있다.

•••• **학습 내용** | ☐ 결과보어 到 ☐ 几의 여러 가지 용법 ☐ 시간 읽는 법

☐ 연, 월, 일, 요일의 표현

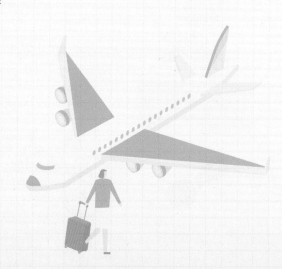

항공 상식과 Quiz

인천국제공항의 출국 절차

인천국제공항은 제1여객터미널과 제2여객터미널로 나뉘어져 있습니다. 따라서 인천국제공항에서 항공기를 이용하는 승객들은 사전에 자신의 항공편이 어느 터미널에서 운항되는지 확인해야 합니다. 현재 인천국제공항 제2여객터미널 취항 항공사는 대한항공, 델타항공, 에어프랑스, KLM네덜란드항공, 아에로멕시코, 중화항공, 체코항공 등이 있으며, 제1여객터미널 취항 항공사는 아시아나항공, 저비용 항공사 및 기타 외국 항공사가 있습니다.

터미널에 도착한 후, 가장 먼저 해야 하는 절차는 탑승 수속입니다. 일반적으로 국제선의 경우 최소 2시간 전에는 도착해서 수속을 밟아야 합니다. 성수기의 경우 공항이 많이 혼잡할 수 있기 때문에 3시간 전에는 도착해야 합니다. 항공편에 해당하는 카운터 위치를 확인한 후 체크인 카운터로 가서 탑승권을 받고 짐을 위탁 수하물로 부치게 됩니다. 웹 체크인을 하거나 셀프 체크인 기기를 이용하면 대기 시간이 줄어 좀 더 빠르게 체크인할 수 있습니다. 환전 및 로

밍 등 해외 체류 시 필요한 준비를 마친 후, 출국장으로 들어갑니다. 출국장 입장 후 제일 먼저 하게 되는 것은 보안 검색입니다. 엑스레이 검색대를 통해 휴대 물품을 검사 받고 탐지기를 통과합니다. 보안 검색이 끝난 후 출국 심사대 앞에 줄을 서서 대기하다가 순서에 따라 출국 심사를 받습니다. 만 19세 이상 대한민국 국민은 사전 등록 없이 바로 자동 출입국 심사를 이용할 수 있으므로 전용 심사대를 통하여 빠르게 심사를 받을 수 있습니다. 출국 심사를 마치면 면세 구역이 나오며, 탑승권에 나와 있는 탑승구로 이동합니다. 탑승구에서 대기하다가 탑승 안내 방송이 나오면 항공기 탑승을 시작하면 됩니다.

Quiz

1) 대한항공을 탑승하려면 인천국제공항 몇 터미널로 가야 하나요?
2) 체크인 카운터에서 항공기 이용을 위해서 어떤 절차를 밟나요?
3) 자동 출입국 심사대를 이용하려면 사전에 등록을 해야 하나요?

단어

 회화 1

따라 쓰기 ✏️

安检员 ānjiǎnyuán 명 보안요원

手提 shǒutí 형 손에 드는, 휴대하는

电脑 diànnǎo 명 컴퓨터

到 dào 동 동사 뒤에서 보어로 쓰여 동작이 목적에 도달했거나 결과가 있음을 나타냄

筐 kuāng 명 바구니

里 li 명 ~의 안에

通过 tōngguò 동 통과하다, 지나가다

安检门 ānjiǎnmén 명 보안 검색대

회화 2

这里 zhèli 대 이곳, 여기

是 shì 동 ~이다

休息室 xiūxishì 명 라운지, 휴게실

工作人员 gōngzuò rényuán 명 직원

登机牌 dēngjīpái 명 탑승권

对不起 duìbuqǐ 동 죄송합니다, 미안합니다

现在 xiànzài 명 지금, 현재

客人 kèrén 명 손님

已 yǐ 부 이미, 벌써

满 mǎn 형 가득 차 있다

等 děng 동 기다리다

几 jǐ 수 몇

分钟 fēnzhōng 명 분

영어로 확인하기 — laptop 手提电脑 노트북 — lounge 休息室 라운지 — boarding pass 登机牌 탑승권

제시된 그림을 보고 질문에 답하세요.

 보기

手提电脑	筐里	客人已满
shǒutí diànnǎo	kuāng li	kèrén yǐ mǎn

1. **她有什么?** 그녀는 무엇을 가지고 있나요?
   Tā yǒu shénme?

2. **手提电脑放哪儿?** 노트북은 어디에 놓나요?
   Shǒutí diànnǎo fàng nǎr?

3. **VIP休息室怎么样?** VIP 라운지는 어떠한가요?
   VIP xiūxishì zěnmeyàng?

보안 검색 🎧 02-03

安检员　您有手提电脑吗？
Nín yǒu shǒutí diànnǎo ma?

旅客　　有。
Yǒu.

安检员　电脑请放到❶筐里。
Diànnǎo qǐng fàngdào kuāng li.

旅客　　好的。
Hǎo de.

安检员　请通过安检门。
Qǐng tōngguò ānjiǎnmén.

Security check　　　　　　　　S Security inspector P Passenger

S　Do you have a laptop?
P　Yes.
S　Please put the computer in the basket.
P　Well.
S　Please go through the detector.

회화 2

 VIP 라운지　　　　　　　　　　　　　　　🎧 02-04

旅客　这里是VIP休息室吗?
　　　Zhèli shì VIP xiūxishì ma?

工作人员　是的。请出示您的登机牌。
　　　　　Shì de.　Qǐng chūshì nín de dēngjīpái.

旅客　给您。
　　　Gěi nín.

工作人员　对不起，现在客人已满，请您等几❷分钟，好吗?
　　　　　Duìbuqǐ,　xiànzài kèrén yǐ mǎn,　qǐng nín děng jǐ fēnzhōng, hǎo ma?

旅客　好的。
　　　Hǎo de.

VIP Lounge　　　　　　　　　　　　　　　S Staff　P Passenger

P　Is this the VIP lounge?
S　Yes, please show me your boarding pass.
P　Here you are.
S　Sorry, the guests are full now. Could you wait a few minutes, please?
P　OK.

안내 방송

 지연 안내

前往首尔的旅客请注意:
Qiánwǎng Shǒu'ér de lǚkè qǐng zhùyì:

 02-05

我们抱歉地通知，您乘坐的DY5804次航班由于天气原因，
Wǒmen bàoqiàn de tōngzhī, nín chéngzuò de DY wǔ bā líng sì cì hángbān yóuyú tiānqì yuányīn,

起飞时间推迟到10点。
qǐfēi shíjiān tuīchí dào shí diǎn.

在此我们深表歉意，请您在候机厅等候通知。
Zài cǐ wǒmen shēn biǎo qiànyì, qǐng nín zài hòujītīng děnghòu tōngzhī.

단어

抱歉 bàoqiàn 동 미안해하다 | 通知 tōngzhī 동 통지하다, 알리다 | 由于 yóuyú 개 ~ 때문에, ~로 인하여 | 天气 tiānqì 명 날씨 | 原因 yuányīn 명 원인 | 起飞 qǐfēi 동 (비행기가) 이륙하다 | 时间 shíjiān 명 시간 | 推迟 tuīchí 동 연기하다, 미루다 | 点 diǎn 양 시(시간의 단위) | 在此 zài cǐ 이에 | 深表 shēn biǎo 깊은 뜻을 표하다 | 歉意 qiànyì 명 유감스러운 마음 | 在 zài 개 ~에(서) | 候机厅 hòujītīng 명 대기실, 대합실 | 等候 děnghòu 동 기다리다

손님 여러분께 안내 말씀드리겠습니다.
서울로 가는 DY 5804 항공편은 기후 관계로 탑승 시간이 10시로 지연되었습니다. 여러분의 양해를 부탁드립니다.
손님 여러분께서는 대기실에서 기다려 주시면 고맙겠습니다.

Ladies and gentlemen, may I have your attention please:
We regret to announce that Flight DY5804 to Seoul will be delayed at 10 o'clock due to weather condition.
We appreciate your understanding and patience. Please wait in the waiting hall for further information. Thank you.

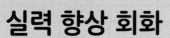 실력 향상 회화

 VIP 라운지 서비스 안내

STEP 1

다음 단어와 대화를 듣고 따라 읽으며 암기해 보세요.

🎧 02-06

- ☑ 请问 qǐngwèn
- ☐ 提供 tígōng
- ☐ 哪些 nǎxiē
- ☐ 服务 fúwù
- ☐ 基本 jīběn
- ☐ 餐饮 cānyǐn
- ☐ 淋浴间 línyùjiān
- ☐ 按摩椅 ànmóyǐ
- ☐ 免费 miǎnfèi

STEP 2

STEP 1을 가린 후 중국어로 말하고 써 보세요.

- 통 실례합니다, 말씀 좀 여쭙겠습니다
- 통 제공하다
- 대 어느, 어떤
- 통 서비스하다
- 형 기본적인
- 명 음식, 식사와 음료
- 명 샤워실
- 명 안마 의자
- 통 무료로 하다

🎧 02-07

旅客　**请问，VIP休息室提供哪些服务？**
Qǐngwèn, VIP xiūxishì tígōng nǎxiē fúwù?

工作人员　**提供基本的餐饮，有淋浴间和按摩椅。**
Tígōng jīběn de cānyǐn, yǒu línyùjiān hé ànmóyǐ.

旅客　**是免费的吗？**
Shì miǎnfèi de ma?

工作人员　**是的。**
Shì de.

여객　실례지만, VIP 라운지는 어떤 서비스를 제공하나요?

직원　기본적인 식사와 음료가 제공되며 샤워실과 안마 의자가 있습니다.

여객　무료입니까?

직원　네.

어법

1. 결과보어 到

'到'는 동사 뒤에서 보어로 쓰여 동작이 목적에 도달하거나 성취된 것을 나타냅니다. 우리말의 '~에 미치다', '~에 이르다', '~을 해내다'에 해당합니다.

电脑请放到筐里。　　컴퓨터는 바구니 안에 넣어 주십시오.
Diànnǎo qǐng fàngdào kuāng li.

我买到机票了。　　저는 비행기 표를 샀습니다.
Wǒ mǎidào jīpiào le.

我看到一本好书。　　저는 좋은 책 한 권을 보게 되었습니다.
Wǒ kàndào yì běn hǎo shū.

> WORD 买 mǎi 동 사다 | 机票 jīpiào 명 비행기 표 | 看 kàn 동 보다 | 本 běn 양 권 | 书 shū 명 책

2. 几의 여러 가지 용법

'几'는 '몇 ~'이라는 뜻으로 본문에서는 10 이하의 어림수를 나타내는 표현으로 쓰였습니다.

请您等几分钟好吗?　　몇 분만 더 기다려 주시겠습니까?
Qǐng nín děng jǐ fēnzhōng hǎo ma?

이 외에도 '几'는 의문대사로 쓰여 수를 물을 수도 있습니다. 10 이하의 수를 물을 때는 '几'를, 10 이상의 수를 물을 때는 '多少'를 씁니다. '几' 뒤에는 반드시 양사가 있어야 하지만 '多少' 뒤에는 양사가 없어도 됩니다.

你有几个托运的行李?　　부치실 짐은 몇 개가 있습니까?
Nǐ yǒu jǐ ge tuōyùn de xíngli?

你的手机号码是多少?　　당신의 휴대전화 번호는 몇 번입니까?
Nǐ de shǒujī hàomǎ shì duōshao?

> WORD 手机 shǒujī 명 휴대전화 | 号码 hàomǎ 명 번호 | 多少 duōshao 대 얼마, 몇

3. 시간 읽는 법

시간은 '点 diǎn 시', '分 fēn 분', '秒 miǎo 초', '刻 kè 각' 등으로 표현합니다.

8:00	八点 / 八点整 ✿ 整 zhěng은 정각을 나타냄.	8:05	八点五(分) / 八点零五(分) ✿ 중간의 零 líng은 0을 나타냄.
8:15	八点十五(分) / 八点一刻 ✿ 一刻 yí kè는 15분을 나타냄.	8:30	八点三十(分) / 八点半 ✿ 半 bàn은 30분을 나타냄.
8:45	八点四十五(分) / 八点三刻 ✿ 三刻 sān kè는 45분을 나타냄.	8:55	八点五十五(分) / 差五分九点 ✿ 差 chà는 '부족하다'는 뜻으로 '몇 분 전'을 나타냄.

4. 연, 월, 일, 요일의 표현

1) 연도를 읽을 때에는 숫자를 하나씩 읽은 후, 뒤에 '年'을 붙여 읽습니다.

二零一九年　　　2019년
èr líng yī jiǔ nián

2) 월은 1~12까지 숫자를 말한 후, 뒤에 '月'를 붙여 읽습니다.

1월	2월	3월	4월	5월	6월	7월	8월	9월	10월	11월	12월
一月	二月	三月	四月	五月	六月	七月	八月	九月	十月	十一月	十二月
yī yuè	èr yuè	sān yuè	sì yuè	wǔ yuè	liù yuè	qī yuè	bā yuè	jiǔ yuè	shí yuè	shíyī yuè	shí'èr yuè

3) 일은 각 날짜에 해당하는 숫자를 말한 후, 뒤에 '号'나 '日'를 붙여 읽습니다. '号'는 주로 입말에, '日'는 주로 글말에 씁니다.

1일	2일	3일	…	10일	…	30일	31일
一号(日)	二号(日)	三号(日)	…	十号(日)	…	三十号(日)	三十一号(日)
yī hào(rì)	èr hào	sān hào		shí hào		sānshí hào	sānshíyī hào

4) 월요일부터 토요일까지는 '星期' 뒤에 1~6까지 숫자를 차례로 말하고, 일요일에는 '星期' 뒤에 '天'이나 '日'를 붙여 읽습니다. '天'은 주로 입말에, '日'는 주로 글말에 씁니다. 또한 '星期' 대신에 '礼拜 lǐbài'를 쓰기도 합니다.

월요일	화요일	수요일	목요일	금요일	토요일	일요일
星期一	星期二	星期三	星期四	星期五	星期六	星期天(日)
xīngqīyī	xīngqī'èr	xīngqīsān	xīngqīsì	xīngqīwǔ	xīngqīliù	xīngqītiān(rì)

TIP 이번 주는 这个星期 zhège xīngqī, 지난주는 上个星期 shàng ge xīngqī, 다음 주는 下个星期 xià ge xīngqī라고 표현합니다.

5) 날짜와 시간은 모두 큰 단위에서 작은 단위, 즉 '年 → 月 → 日 → 星期 → 上午 → 点 → 分' 순으로 표현합니다.

二零二零年五月十二(号)　　　2020년 5월 12일
èr líng èr líng nián wǔ yuè shí'èr (hào)

星期一上午九点二十分　　　월요일 오전 9시 20분
xīngqīyī shàngwǔ jiǔ diǎn èrshí fēn

1 녹음의 대화를 듣고 알맞은 사진을 고르세요.

🎧 02-08

보기

A

B

1) _____

2) _____

2 녹음을 듣고 제시된 문장과 일치하면 O, 다르면 X를 표시하세요.

🎧 02-09

1) 电脑请放到这儿。 _____

2) 请出示您的护照。 _____

3) 对不起，现在客人已满。 _____

3 〈보기〉에서 알맞은 답을 골라 문장을 완성하세요.

보기

到　　通过　　几

1) 请_____安检门。

2) 电脑请放_____筐里。

3) 请您等_____分钟，好吗？

제시된 단어를 바르게 배열하여 문장을 완성하세요.

1) 电脑　　有　　您　　手提　　吗

_____?

2) 出示　　请　　登机牌　　您　　的

_____。

3) 您　　几　　分钟　　请　　等　　好吗　　，

_____?

 그림을 보고 제시된 단어를 사용하여 문장을 만들어 보세요.

1)

手提电脑

_____

2)

VIP休息室

_____

읽고 써 보며 재확인하기

STEP 1 오늘의 단어 (선 연결하기)

手提电脑 •	• lounge •	• 탑승권
休息室 •	• laptop •	• 노트북
登机牌 •	• boarding pass •	• 라운지

STEP 2 오늘의 회화 (빈칸 채우기)

A 您有手提电脑吗？

Nín yǒu shǒutí _____ ma?

B 有。
Yǒu.

A 电脑请放到筐里。
Diànnǎo qǐng fàngdào kuāng li.

B 好的。
Hǎo de.

A 请通过安检门。

Qǐng _____ ānjiǎnmén.

Hint!

A 노트북 있으십니까?
B 네, 있습니다.
A 컴퓨터는 바구니 안에 넣어 주십시오.
B 알겠습니다.
A 검색대를 통과해 주십시오.

STEP 3 오늘의 작문 (빈칸 채우기)

A 这里是VIP休息室吗？
Zhèli shì VIP xiūxishì ma?

B 是的。请 _____ 您的登机牌。

Shì de. Qǐng chūshì nín de dēngjīpái.

A 给您。
Gěi nín.

B 对不起，现在 _____ 已满，请您等几分钟，好吗？

Duìbuqǐ, xiànzài kèrén yǐ mǎn, qǐng nín děng jǐ fēnzhōng, hǎo ma?

A 好的。
Hǎo de.

Hint!

A 여기가 VIP 라운지입니까?
B 네, 손님의 탑승권을 보여 주십시오.
A 여기 있습니다.
B 죄송합니다만, 지금은 손님이 다 차서 잠시(몇 분만) 기다려 주시겠습니까?
A 알겠습니다.

간체자 쓰기

획순	电电电电电			脑脑脑脑脑脑脑脑脑脑		
电脑	电	脑				
diànnǎo	diànnǎo					
컴퓨터						

획순	通通通通通通通通通通			过过过过过过		
通过	通	过				
tōngguò	tōngguò					
통과하다, 지나가다						

획순	现现现现现现现现			在在在在在在		
现在	现	在				
xiànzài	xiànzài					
지금, 현재						

획순	客客客客客客客客客			人人		
客人	客	人				
kèrén	kèrén					
손님						

획순	已已已			满满满满满满满满满满满满满		
已满	已	满				
yǐ mǎn	yǐ mǎn					
이미 가득 차 있다						

03

탑승 게이트

●●●● **학습 목표** | 탑승 게이트 업무에 필요한 표현을 할 수 있다.

●●●● **학습 내용** | ☐ 어기조사 了 ☐ 의문대사 怎么 ☐ 개사 在

☐ 접속사 先…然后

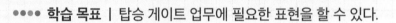
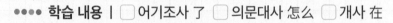
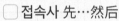

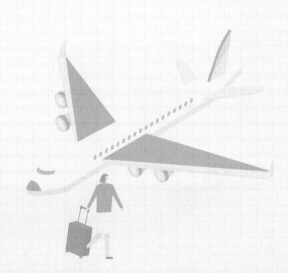

항공사 지상직원이 되는 길

항공사 지상직 업무는 크게 공항에서 근무하는 항공 여객 서비스 지상직과 도심에서 일반 사무 업무를 담당하는 지상직으로 구분할 수 있습니다. 대표적인 업무는 체크인 카운터, 라운지, 출입국 게이트, 수하물, 승무원 관리, 카고 업무 등이 있습니다.

체크인 카운터에서는 해당 항공사를 이용하는 탑승객에게 탑승권을 발급해 주며, 위탁 수하물을 부칠 수 있도록 도와줍니다. 라운지에서는 음료 및 스낵 제공과 비즈니스 승객 용무 지원 등의 편의 서비스를 담당합니다. 출입국 게이트에서는 승객의 항공기 탑승과 하기를 도우며, 승무원과 협조하여 항공기 정시 운항을 위한 업무들을 담당합니다. 수하물 업무는 승객의 수하물이 연착, 분실, 도난, 파손 등의 문제가 발생했을 때 승객들에게 필요한 서비스를 제공합니다. 승무원 관리 업무는 승무원들의 비행 스케줄 조정 및 해외 체류에 대한 지원을 하게 되며, 카고는 항공화물 수송에 대한 업무를 하게 됩니다.

항공 여객 서비스 지상직의 채용은 항공사의 지상직 업무를 대행하는 GHA(Ground Handling Agency)를 통해 진행됩니다. 대표적인 GHA에는 에어코리아, 케이에이, 스위스포트코리아, 이스타포트 등이 있으며, 지원 자격 조건은 초대졸 이상으로 토익 점수가 필요합니다. 또한, 한국을 방문하는 중국 관광객 증가 추세로 인하여, 중국어 자격증을 갖춘 지원자를 우대하고 있습니다. 따라서, 지원자들은 채용을 대비하여 토익 점수는 물론이고, HSK 자격증, 항공 예약 발권 시스템을 다룰 수 있는 CRS 자격증, 체크인 및 게이트 업무 시 좌석 변경과 수하물 TAG 처리를 할 수 있는 시스템을 다루는 DCS 자격증 등 관련 자격증을 취득하여 경쟁력을 갖추어야 합니다.

Quiz

1) 승객에게 탑승권을 발급하고 수하물 처리를 돕는 지상직 업무는 무엇인가요?
2) 항공 여객 서비스 지상직이 되려면 가장 먼저 준비해야 할 사항은 무엇인가요?
3) 항공 예약 발권 시스템을 다룰 수 있는 자격증은 무엇인가요?

단어

회화 1

따라 쓰기

🎧 03-01

开始 kāishǐ 통 시작하다

了 le 조 문장 끝에서 변화를 나타냄

老人 lǎorén 명 노인

和 hé 접 ~와, ~과

带 dài 통 동반하다, (몸에) 지니다

小孩 xiǎohái 명 어린이

先 xiān 부 먼저, 미리

婴儿车 yīng'érchē 명 유모차

到达 dàodá 통 도착하다, 도달하다

后 hòu 명 뒤, 후, 다음

怎么 zěnme 대 어떻게, 어째서, 왜

领取 lǐngqǔ 통 수령하다, 받다

在 zài 개 ~에(서)

处 chù 명 곳, 장소

회화 2

🎧 03-02

大家 dàjiā 대 여러분

准备 zhǔnbèi 통 준비하다

好 hǎo 형 동사 뒤에서 동작의 완성을 나타냄

可以 kěyǐ 조동 ~해도 좋다(허가를 나타냄)

排队 páiduì 통 줄을 서다

座位 zuòwèi 명 좌석, 자리

在 zài 통 ~에 있다

前面 qiánmian 명 앞, 앞쪽, 앞부분

稍 shāo 부 좀, 조금, 잠시, 잠깐

我们 wǒmen 대 우리

什么 shénme 대 무엇, 어느(의문을 나타냄)

时候 shíhou 명 시간, 기간, 때

后排 hòupái 명 뒷줄, 뒷자리

然后 ránhòu 접 그러한 후에, 그리고 나서

再 zài 부 다시

前排 qiánpái 명 앞줄, 앞자리

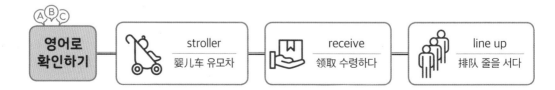

영어로 확인하기 — stroller 婴儿车 유모차 — receive 领取 수령하다 — line up 排队 줄을 서다

제시된 그림을 보고 질문에 답하세요.

 보기

准备登机	老人和小孩	婴儿车
zhǔnbèi dēngjī	lǎorén hé xiǎohái	yīng'érchē

1. **他们在做什么?** 그들은 무엇을 하고 있나요?
   Tāmen zài zuò shénme?

2. **谁先登机?** 누가 먼저 탑승하나요?
   Shéi xiān dēngjī?

3. **他要托运什么?** 그는 무엇을 부치려고 하나요?
   Tā yào tuōyùn shénme?

노약자 우선 탑승

03-03

地勤人员	现在开始登机了❶。请老人和带小孩的客人先登机。
	Xiànzài kāishǐ dēngjī le. Qǐng lǎorén hé dài xiǎohái de kèrén xiān dēngjī.

旅客	我要托运婴儿车。
	Wǒ yào tuōyùn yīng'érchē.

地勤人员	请给我。
	Qǐng gěi wǒ.

旅客	到达后我怎么❷领取？
	Dàodá hòu wǒ zěnme lǐngqǔ?

地勤人员	到达后在❸婴儿车领取处领取。
	Dàodá hòu zài yīng'érchē lǐngqǔchù lǐngqǔ.

The old and weak boarded first

G Ground Crew P Passenger

G Boarding begins now. Ask the elderly and the guests with children to board first.
P I want to check the stroller.
G Let me do it for you.
P How do I get when I arrive?
G After arrival, collect it at the stroller pick up area.

회화 2

 이코노미석 탑승

🎧 03-04

地勤人员 **请大家准备好登机牌和护照。**
Qǐng dàjiā zhǔnbèi hǎo dēngjīpái hé hùzhào.

旅客 **我可以在这里排队吗?**
Wǒ kěyǐ zài zhèli páiduì ma?

地勤人员 **您的座位在前面, 请稍等。**
Nín de zuòwèi zài qiánmian, qǐng shāo děng.

旅客 **我们什么时候登机?**
Wǒmen shénme shíhou dēngjī?

地勤人员 **后排的客人先登机, 然后❹再办理前排的客人。**
Hòupái de kèrén xiān dēngjī, ránhòu zài bànlǐ qiánpái de kèrén.

Economy seat boarding   G Ground Crew P Passenger

G   Please get your boarding pass and passport ready.
P   Can I stand in line here?
G   Your seat is in front, please wait a moment.
P   When are we boarding?
G   The passengers in the back boarded first, and then handled the passengers in front.

탑승 안내

 03-05

前往首尔的旅客请注意:
Qiánwǎng Shǒu'ér de lǚkè qǐng zhùyì:

您乘坐的DY5804次航班现在开始登机了。
Nín chéngzuò de DY wǔ bā líng sì cì hángbān xiànzài kāishǐ dēngjī le.

请带好您的随身物品和登机牌，由16号登机口上飞机。
Qǐng dàihǎo nín de suíshēn wùpǐn hé dēngjīpái, yóu shíliù hào dēngjīkǒu shàng fēijī.

谢谢!
Xièxie!

단어

随身 suíshēn 형 몸에 지니다, 몸에 간직하다, 휴대하다 | 物品 wùpǐn 명 물품 | 由 yóu 개 ~에서 | 号 hào 명 번 |
登机口 dēngjīkǒu 명 게이트, 탑승구 | 上 shàng 동 타다

 손님 여러분께 안내 말씀드리겠습니다.
서울로 가는 DY5804편의 탑승을 시작하겠습니다.
소지품과 탑승권을 가지고 16번 게이트로 탑승해 주시기 바랍니다.
감사합니다!

 Ladies and gentlemen, may I have your attention please:
Flight DY5804 to Seoul is now ready for Boarding.
Please have your belongings and boarding passes and board through Gate NO. 16.
Thank you!

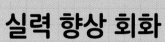

실력 향상 회화

 탑승 마감 안내

STEP 1	STEP 2
다음 단어와 대화를 듣고 따라 읽으며 암기해 보세요.	STEP 1을 가린 후 중국어로 말하고 써 보세요.

🎧 03-06

☑ 听 tīng

☐ 广播 guǎngbō

☐ 马上 mǎshàng

☐ 啦 la

☐ 乘客 chéngkè

☐ 都 dōu

☐ 已经 yǐjīng

☐ 差 chà

☐ 位 wèi

☐ 啊 à

☐ 真 zhēn

동 듣다

명 방송

부 곧, 즉시

명 了와 啊의 합음자로 두 의미를 다 가짐

명 승객

부 모두

부 이미, 벌써

형 부족하다, 모자라다

양 분, 명(존칭)

감 놀람을 나타냄

부 정말, 참으로

🎧 03-07

地勤人员 **前往首尔的DY7804次航班的王婷**
Qiánwǎng Shǒu'ěr de DY qī bā líng sì cì hángbān de Wáng Tíng
旅客听到广播后马上到8号登机口。
lǚkè tīngdào guǎngbō hòu mǎshàng dào bā hào dēngjīkǒu.

지상직원 서울행 DY7804편 왕팅 손님께서는 방송을 들으신 후 8번 게이트로 와 주십시오.

旅客 **怎么啦! 我就是。飞机起飞了吗？**
Zěnme la! Wǒ jiù shì. Fēijī qǐfēi le ma?

여객 무슨 일이죠? 전데요. 비행기가 이륙했나요?

地勤人员 **乘客们都已经登机了，就差您一位。**
Chéngkèmen dōu yǐjīng dēngjī le, jiù chà nín yí wèi.

지상직원 승객분들은 모두 이미 탑승했습니다. 손님만 남았습니다.

旅客 **啊! 是吗？真抱歉。**
À! Shì ma? Zhēn bàoqiàn.

여객 아! 그래요? 정말 죄송합니다.

어법

1. 어기조사 了

'了'는 어기조사로 문장의 끝에 놓여 사건이나 상황의 변화, 발생 등을 나타냅니다.

现在开始登机了。　　지금부터 탑승을 시작하겠습니다.
Xiànzài kāishǐ dēngjī le.

春天来了。　　봄이 왔습니다.
Chūntiān lái le.

我今年十八岁了。　　저는 올해 18세입니다.
Wǒ jīnnián shíbā suì le.

> WORD　春天 chūntiān 몡 봄 | 来 lái 동 오다 | 今年 jīnnián 몡 올해 | 岁 suì 양 세, 살

이 밖에도 동태조사로 쓰여 보통 동사 뒤에서 동작이 완료되었음을 나타내기도 합니다.

我拿了一件行李。　　저는 짐 한 개를 가져왔습니다.
Wǒ nále yí jiàn xíngli.

他买了一张票。　　그는 표 한 장을 샀습니다.
Tā mǎile yì zhāng piào.

> WORD　拿 ná 동 가지다, 가져가다 | 张 zhāng 양 장 | 票 piào 몡 표

2. 의문대사 怎么

'怎么'는 의문대사로 상황, 방식, 원인 등을 물을 때 사용하며, 우리말의 '어떻게', '어째서', '왜'에 해당합니다.

到达后我怎么领取?　　도착 후 어떻게 찾을 수 있습니까?
Dàodá hòu wǒ zěnme lǐngqǔ?

你怎么不去?　　당신은 왜 가지 않습니까?
Nǐ zěnme bú qù?

去八号登机口怎么走?　　8번 게이트는 어떻게 갑니까?
Qù bā hào dēngjīkǒu zěnme zǒu?

> WORD　去 qù 동 가다 | 走 zǒu 동 가다, 걷다

3. 개사 在

개사는 명사나 대사 또는 다른 품사의 앞에 쓰여 개사구를 이루며, 동사 앞에서 동작이 행해지는 장소, 방향, 시간, 대상, 원인, 방식 등을 나타냅니다. 개사 '在'는 우리말의 '~에 (서)'에 해당합니다.

到达后在行李提取处领取。　　도착 후 짐 찾는 곳에서 찾으시면 됩니다.
Dàodá hòu zài xíngli tíqǔchù lǐngqǔ.

我可以在这里排队吗?　　저 이 줄에 서도 됩니까?
Wǒ kěyǐ zài zhèli páiduì ma?

WORD　行李提取处 xíngli tíqǔchù 수하물 수취대

이 밖에도 동사로 쓰여 '(사람이나 사물이) ~에 있다'라는 뜻을 나타내기도 합니다.

您的座位在前面，请稍等。　　손님 좌석은 앞쪽이니 좀 기다려 주십시오.
Nín de zuòwèi zài qiánmian, qǐng shāo děng.

4. 접속사 先…然后

'先…然后'는 '先 + 동사1 + 然后 + (再) + 동사2' 형태의 문형으로, 두 번째 일이 첫 번째 일이 일어난 바로 다음에 발생함을 나타냅니다. 우리말의 '먼저 ~한 후에, 그 다음에 ~하다'에 해당합니다.

后排的客人先登机，然后再办理前排的客人。
Hòupái de kèrén xiān dēngjī, ránhòu zài bànlǐ qiánpái de kèrén.
뒷좌석 손님이 먼저 탑승하신 후에 앞좌석 손님 탑승을 도와드리겠습니다.

大家先托运行李，然后再换钱。　　여러분 먼저 짐을 부치시고 그 다음에 환전을 하십시오.
Dàjiā xiān tuōyùn xíngli, ránhòu zài huànqián.

我们先买化妆品，然后再买食品。　　우리 먼저 화장품을 산 다음 식품을 삽시다.
Wǒmen xiān mǎi huàzhuāngpǐn, ránhòu zài mǎi shípǐn.

WORD　换钱 huànqián 동 환전하다 | 化妆品 huàzhuāngpǐn 명 화장품 | 食品 shípǐn 명 식품

연습 문제

1 녹음의 대화를 듣고 알맞은 사진을 고르세요.　　　　　　　　　　　　🎧 03-08

보기

A 　　　　　　　　　B

1) ＿＿＿＿＿＿＿＿＿　　　　　　　2) ＿＿＿＿＿＿＿＿＿

2 녹음을 듣고 제시된 문장과 일치하면 O, 다르면 X를 표시하세요.　　　🎧 03-09

1) 我要托运婴儿车。　　　　　＿＿＿＿＿＿

2) 您的座位在前面，请稍等。　＿＿＿＿＿＿

3) 我可以在这里排队吗?　　　　＿＿＿＿＿＿

3 〈보기〉에서 알맞은 답을 골라 문장을 완성하세요.

보기

好　　　了　　　怎么

1) 现在开始登机＿＿＿＿＿＿。

2) 到达后我＿＿＿＿＿＿领取?

3) 请大家准备＿＿＿＿＿＿登机牌和护照。

제시된 단어를 바르게 배열하여 문장을 완성하세요.

1) 托运　　要　　我　　婴儿车

_____。

2) 什么　　登机　　我们　　时候

_____？

3) 的　　客人　　登机　　先　　后排

_____。

5 그림을 보고 제시된 단어를 사용하여 문장을 만들어 보세요.

1)

什么时候

_____

2)

到达

_____

STEP 1 오늘의 단어 (선 연결하기)

婴儿车	•	•	receive	•	•	줄을 서다
领取	•	•	stroller	•	•	유모차
排队	•	•	line up	•	•	수령하다

STEP 2 오늘의 회화 (빈칸 채우기)

A 我要托运婴儿车。

Wǒ yào _____ yīng'érchē.

Hint!

A 유모차를 부치려고 합니다.
B 저에게 주세요.
A 도착 후 어떻게 찾을 수 있습니까?
B 도착 후 유모차 찾는 곳에서 찾으시면 됩니다.

B 请给我。

Qǐng gěi wǒ.

A 到达后我怎么领取？

Dàodá hòu wǒ _____ lǐngqǔ?

B 到达后在婴儿车领取处领取。

Dàodá hòu zài yīng'érchē lǐngqǔchù lǐngqǔ.

STEP 3 오늘의 작문 (빈칸 채우기)

A 请大家 _____ 登机牌和护照。

Qǐng dàjiā zhǔnbèi hǎo dēngjīpái hé hùzhào.

Hint!

A 여러분, 탑승권과 여권을 준비해 주십시오.
B 저 이 줄에 서도 됩니까?
A 손님 좌석은 앞쪽이니 좀 기다려 주십시오.
B 우리는 언제 탑승하나요?
A 뒷좌석 손님이 먼저 탑승하신 후에 앞좌석 손님 탑승을 도와드리겠습니다.

B 我可以在这里排队吗？

Wǒ kěyǐ zài zhèli páiduì ma?

A 您的 _____ 在前面，请稍等。

Nín de zuòwèi zài qiánmian, qǐng shāo děng.

B 我们什么时候登机？

Wǒmen shénme shíhou dēngjī?

A 后排的客人先登机，然后再办理前排的客人。

Hòupái de kèrén xiān dēngjī, ránhòu zài bànlǐ qiánpái de kèrén.

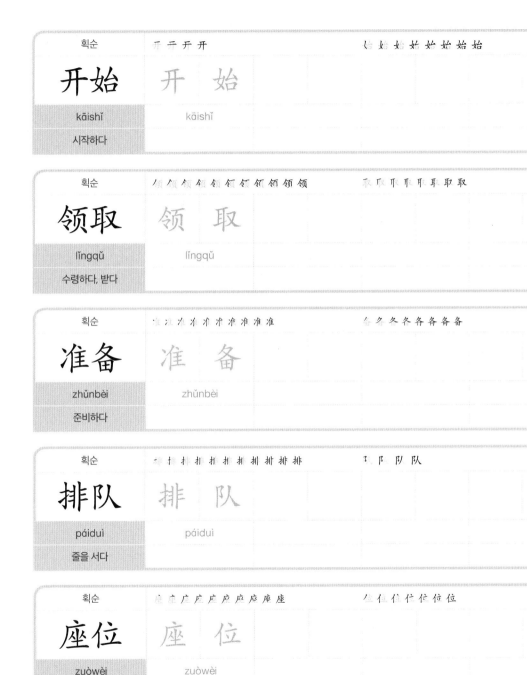

획순	开 亓 开 开		始 始 始 始 始 始 始 始
开始	开	始	
kāishǐ	kāishǐ		
시작하다			

획순	领 领 领 领 领 领 领 领 领 领 领		取 取 取 取 取 取 取 取
领取	领	取	
lǐngqǔ	lǐngqǔ		
수령하다, 받다			

획순	准 准 准 准 准 准 准 准 准 准		备 各 各 各 各 各 备 备
准备	准	备	
zhǔnbèi	zhǔnbèi		
준비하다			

획순	排 排 排 排 排 排 排 排 排 排 排		队 队 队 队
排队	排	队	
páiduì	páiduì		
줄을 서다			

획순	座 座 广 广 座 座 座 座 座 座		位 位 位 位 位 位 位
座位	座	位	
zuòwèi	zuòwèi		
좌석, 자리			

04

탑승 안내

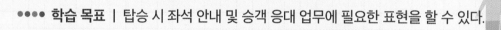

•••• **학습 목표 |** 탑승 시 좌석 안내 및 승객 응대 업무에 필요한 표현을 할 수 있다.

•••• **학습 내용 |** ☐ 사역동사 让 ☐ 수량사 一下 ☐ 방위사 上边

☐ 접속사 那(么)

항공 상식과 Quiz

항공사 객실승무원의 업무

항공사 객실승무원은 200:1이 넘는 채용 경쟁률이 보여 주듯이 많은 예비 지원자들을 보유한 각광 받는 직업입니다. 객실승무원은 다양한 국적의 승객들에게 서비스를 제공하고 전 세계 많은 국가들을 방문하기 때문에 글로벌 감각을 키울 수 있다는 장점이 있습니다. 그러나 이러한 단편적인 부분만 보고 객실승무원의 업무를 기내식을 제공하는 단순 업무로 판단하  는 분들이 있습니다. 하지만 객실승무원은 하늘 위의 멀티플레이어라고 표현해도 과언이 아닐만큼 다양한 업무를 소화하므로, 이러한 편견은 버려야 합니다.

객실승무원의 업무는 크게 승객의 안전한 여행을 책임지는 업무와 쾌적한 비행 환경을 조성하고 기내서비스를 제공하는 업무로 구분할 수 있습니다. 기내 안전 관리, 기내 화재 예방, 기내 난동 승객 대처, 기내 응급 처치 등의 안전 업무를 수행하기 위해서 객실승무원은 항공기 구조 및 시설, 기내 비상 보안 장비 사용법, 비상사태 발생에 대비한 비상 착륙, 비상 착수, 심폐소생술 등 다양한 훈련을 받습니다. 또한, 승객의 편안한 비행과 만족을 위해 비행 전 서비스점검, 좌석 안내 및 수하물 지원, 기내 식음료 서비스, 면세품 판매, 기내 환경 관리 등 다양한 업무를 하고 있습니다.

이를 위해 객실승무원은 신입 교육, 클래스별 보수 교육, 직급별 교육 등 다양한 교육을 받고, 이를 업무에 적용할 수 있도록 최선을 다합니다. 항공사 이용 승객의 편안하고 쾌적한 여행을 위해 노력하고, 불특정한 상황에 신속하게 대처할 수 있도록 훈련된 안전요원인 객실승무원은 진정한 하늘의 전문직업인이라고 할 수 있습니다.

Quiz

ㅣ) 항공사 객실승무원 업무의 장점은 무엇인가요?

2) 항공사 객실승무원의 주 업무를 2가지로 구분한다면 무엇인가요?

3) 항공사 객실승무원의 업무를 소화하기 위해서 받는 교육 훈련 중 안전 업무와 관련된 것은 무엇인가요?

단어

 회화 1

따라 쓰기 🖉

🎧 04-01

乘务员 chéngwùyuán 명 승무원

欢迎 huānyíng 통 환영하다

让 ràng 통 ~하게 하다

看 kàn 통 보다

一下 yíxià 양 좀 ~하다

乘客 chéngkè 명 승객

走 zǒu 통 걷다, 걸어가다

那边 nàbian 대 그쪽, 저쪽, 그곳, 저곳

🔊通道 tōngdào 명 통로

过道 guòdào 명 복도

边 biān ~쪽, ~측

不 bù 부 ~않다

🔊靠窗 kào chuāng 창가

🔊位置 wèizhi 명 위치, 자리

谢谢 xièxie 통 감사합니다, 고맙습니다

💬 **회화 2**

🎧 04-02

需要 xūyào 통 요구되다, 필요로 하다

帮忙 bāngmáng 통 돕다, 거들다

上边 shàngbian 명 위, 위쪽

🔊行李架 xínglijià 명 선반, 짐칸

上 shang 명 ~위에, ~안에, ~상

都 dōu 부 모두, 다

对面 duìmiàn 명 맞은편, 반대편

还 hái 부 아직, 또, 더

地方 dìfang 명 장소, 곳, 공간의 일부분

那 nà 접 그러면, 그렇다면

就 jiù 부 곧, 즉시, 바로, 당장

那儿 nàr 대 그곳, 저기

吧 ba 조 ~하자(건의나 제안의 뜻을 나타냄)

上去 shàngqu 통 올라가다

Ⓐ Ⓑ Ⓒ
영어로 확인하기

aisle
通道 통로

window seat
靠窗的位置 창가 좌석

overhead bin
行李架 선반

그림 보고 말하기

제시된 그림을 보고 질문에 답하세요.

靠窗的位置　　　　满了　　　　对面
kào chuāng de wèizhi　　　mǎn le　　　duìmiàn

1. 他的座位是过道边吗?　그의 자리는 복도 쪽인가요?
   Tā de zuòwèi shì guòdào biān ma?

2. 上边行李架里有地方吗?　위쪽 선반에 공간이 있나요?
   Shàngbian xínglijià li yǒu dìfang ma?

3. 哪儿有地方?　어디에 공간이 있나요?
   Nǎr yǒu dìfang?

회화 1

 좌석 안내

乘务员　　欢迎登机。请让❶我看一下❷您的登机牌。
Huānyíng dēngjī. Qǐng ràng wǒ kàn yíxià nín de dēngjīpái.

乘客　　　给您。
Gěi nín.

乘务员　　您的座位是26A，请走那边的通道。
Nín de zuòwèi shì èrshíliù A, qǐng zǒu nàbian de tōngdào.

乘客　　　我的座位是过道边吗？
Wǒ de zuòwèi shì guòdào biān ma?

乘务员　　不是，是靠窗的位置。
Bú shì,　shì kào chuāng de wèizhi.

乘客　　　谢谢！
Xièxie!

Seat Guidelines　　　　　　　　　　　　F Flight attendant P Passenger

F　　Welcome aboard. May I see your boarding pass, please?
P　　Here you are.
F　　Your seat is 26A, please take that aisle over there.
P　　Is my seat an aisle seat?
F　　No, it's a window seat.
P　　Thank you!

🗨 **짐 있는 승객 돕기**

🎧 04-04

乘务员	需要我帮忙吗?
	Xūyào wǒ bāngmáng ma?

乘客	上边❸行李架里都满了。
	Shàngbian xínglijià li dōu mǎn le.

乘务员	请稍等。对面行李架上还有地方。
	Qǐng shāo děng. Duìmiàn xínglijià shang hái yǒu dìfang.

乘客	那❹就放那儿吧。
	Nà jiù fàng nàr ba.

乘务员	我帮您放上去吧。
	Wǒ bāng nín fàng shàngqu ba.

乘客	好。谢谢!
	Hǎo. Xièxie!

Helping passengers with baggage

F Flight attendant P Passenger

F Can I help you?
P The overhead bin is full.
F Just a moment, please. There's still place on the overhead bin opposite.
P Let's put it there.
F Let me put it for you.
P OK. Thank you!

탑승 환영 및 휴대 수하물 안내

04-05

女士们，先生们：
Nǚshìmen, xiānshengmen:

欢迎乘坐DY5804次航班，请您对号入座，
Huānyíng chéngzuò DY wǔ bā líng sì cì hángbān, qǐng nín duìhào rùzuò,

您的座位号码位于行李架下方。
nín de zuòwèi hàomǎ wèiyú xínglijià xiàfāng.

请将您的行李放在行李架上。
Qǐng jiāng nín de xíngli fàngzài xínglijià shang.

단어

女士 nǚshì 몡 여사, 숙녀 | 对号 duìhào 동 번호를 맞추다 | 入座 rùzuò 동 자리에 앉다(주로 공공장소에서 사용됨) | 位于 wèiyú 동 ~에 위치하다 | 下方 xiàfāng 몡 아래(쪽) | 将 jiāng 깨 ~을, ~를

손님 여러분,
DY5804편의 탑승을 환영합니다.
좌석 번호는 좌석 위 선반 아래에 있으며, 지정된 좌석에 착석하여 주시기 바랍니다.
가지고 계신 짐은 좌석 위 선반에 놓아 주시기 바랍니다. 감사합니다.

Ladies and gentlemen,
welcome aboard flight DY5804.
Please take your assigned seat and make sure that your carry-on items are stored in the overhead bins. Thank you.

실력 향상 회화

 비상구 좌석 안내

STEP 1
다음 단어와 대화를 듣고 따라 읽으며 암기해 보세요.

🎧 04-06

☑ 打扰 dǎrǎo

☐ 紧急出口 jǐnjí chūkǒu

☐ 遇到 yùdào

☐ 紧急 jǐnjí

☐ 情况 qíngkuàng

☐ 时 shí

☐ 协助 xiézhù

☐ 当然 dāngrán

☐ 安全须知卡 ānquán xūzhīkǎ

🎧 04-07

乘务员　打扰一下，您这儿是紧急出口通道。
　　　　Dǎrǎo yíxià, nín zhèr shì jǐnjí chūkǒu tōngdào.

乘客　　是吗？
　　　　Shì ma?

乘务员　遇到紧急情况时，
　　　　Yùdào jǐnjí qíngkuàng shí,
　　　　请您协助乘务员可以吗？
　　　　qǐng nín xiézhù chéngwùyuán kěyǐ ma?

乘客　　当然可以。
　　　　Dāngrán kěyǐ.

乘务员　这是安全须知卡，请您看一下。
　　　　Zhè shì ānquán xūzhīkǎ, qǐng nín kàn yíxià.

STEP 2
STEP 1을 가린 후 중국어로 말하고 써 보세요.

통 폐를 끼치다

명 비상구

통 만나다, 마주치다

형 긴급하다

명 상황, 정황

명 때, 시

통 협조하다

부 당연히, 물론

명 안전설명서

승무원　실례합니다. 손님 좌석은 비상구 통로입니다.

승객　　그래요?

승무원　비상시 승무원에게 협조해 주시겠습니까?

승객　　물론이죠.

승무원　이것은 안전설명서이니 한번 봐 주십시오.

어법

1. 사역동사 让

'让'은 사역동사로 '~에게 어떤 일을 시키다', '~에게 하도록 하다'는 의미를 나타냅니다.

请让我看一下您的护照。　　저에게 여권을 좀 보여 주십시오.
Qǐng ràng wǒ kàn yíxià nín de hùzhào.

我的机票让人拿走了。　　제 비행기 표를 누가 가져갔어요.
Wǒ de jīpiào ràng rén názǒu le.

妈妈让我去接你。　　어머니가 제게 당신을 마중하러 가라고 하셨어요.
Māma ràng wǒ qù jiē nǐ.

> **WORD**　妈妈 māma 명 어머니 | 接 jiē 동 마중하다

2. 수량사 一下

'一下'는 '한번'이라는 의미로, 동사 뒤에 놓여 '시험 삼아 ~해 보다' 또는 '좀 ~하다'의 뜻을 가집니다. 가벼운 시도를 나타내며 어투를 부드럽게 하는 역할을 합니다.

请让我看一下您的登机牌。　　저에게 탑승권을 좀 보여 주십시오.
Qǐng ràng wǒ kàn yíxià nín de dēngjīpái.

请您尝一下。　　좀 드셔 보십시오.
Qǐng nín cháng yíxià.

打扰一下，您这儿是紧急出口通道。　　실례합니다, 손님 좌석은 비상구 통로입니다.
Dǎrǎo yíxià, nín zhèr shì jǐnjí chūkǒu tōngdào.

> **WORD**　尝 cháng 동 맛보다

3. 방위사 上边

'上边'은 방위사로 '위', '위쪽'의 뜻으로 사용됩니다. 반대로 '下边'은 '아래', '아래쪽'을 뜻합니다.

上边行李架里都满了。　　위쪽 선반이 다 찼네요.
Shàngbian xínglijià li dōu mǎn le.

上边是谁的行李?　　위에 있는 짐은 누구 것입니까?
Shàngbian shì shéi de xíngli?

上边有东西吗?　　위에 물건이 있습니까?
Shàngbian yǒu dōngxi ma?

> **WORD** 谁 shéi 대 누구 | 东西 dōngxi 명 물건

4. 접속사 那(么)

'那(么)'는 접속사로 문장의 앞과 뒤를 연결해 주는 역할을 하며, 우리말의 '그러면', '그렇다면'에 해당합니다.

那就放那儿吧。　　그러면 그곳에 넣겠습니다.
Nà jiù fàng nàr ba.

那我们大家一起走吧。　　그러면 우리 모두 함께 갑시다.
Nà wǒmen dàjiā yìqǐ zǒu ba.

那就好好儿干吧。　　그러면 잘해 보세요.
Nà jiù hǎohāor gàn ba.

> **WORD** 一起 yìqǐ 부 함께, 같이 | 好好儿 hǎohāor 부 잘 | 干 gàn 동 하다

연습 문제

1 녹음의 대화를 듣고 알맞은 사진을 고르세요.

04-08

보기

A

B

1) _____

2) _____

2 녹음을 듣고 제시된 문장과 일치하면 O, 다르면 X를 표시하세요.

04-09

1) 您的座位是26A。　　_____

2) 您的座位是过道边。　　_____

3) 上边行李架里都满了。　_____

3 〈보기〉에서 알맞은 답을 골라 문장을 완성하세요.

보기

那　　帮　　一下

1) 请让我看_____您的登机牌。

2) _____就放那儿吧。

3) 我_____您放上去吧。

제시된 단어를 바르게 배열하여 문장을 완성하세요.

1) 我　　帮忙　　吗　　需要

　　_____ ?

2) 请　　通道　　那边　　的　　走

　　_____ 。

3) 还　　对面　　行李架上　　地方　　有

　　_____ 。

5 그림을 보고 제시된 단어를 사용하여 문장을 만들어 보세요.

1)

座位

_____

2)

需要

_____

읽고 써 보며 재확인하기

STEP 1 오늘의 단어 (선 연결하기)

通道	•	•	aisle	•	•	선반
靠窗的位置	•	•	overhead bin	•	•	통로
行李架	•	•	window seat	•	•	창가 좌석

STEP 2 오늘의 회화 (빈칸 채우기)

A 您的座位是26A，请走那边的通道。

Nín de zuòwèi shì èrshíliù A, qǐng zǒu nàbian de _____ .

B 我的座位是过道边吗?
Wǒ de zuòwèi shì guòdào biān ma?

A 不是，是靠窗的位置。

Bú shì, shì kào chuāng de _____ .

B 谢谢!
Xièxie!

Hint!
A 26A 좌석입니다. 저쪽 통로로 가십시오.
B 제 자리가 복도 쪽입니까?
A 아닙니다. 창가 자리입니다.
B 감사합니다!

STEP 3 오늘의 작문 (빈칸 채우기)

A 上边行李架里都满了。
Shàngbian xínglijià li dōu mǎn le.

B 请稍等。_____ 行李架上还有地方。

Qǐng shāo děng. Duìmiàn xínglijià shang hái yǒu dìfang.

A 那就放那儿吧。
Nà jiù fàng nàr ba.

B 我 _____ 您放上去吧。

Wǒ bāng nín fàng shàngqu ba.

Hint!
A 위쪽 선반이 다 찼네요.
B 잠시만 기다려 주세요. 맞은편 선반에 공간이 있습니다.
A 그럼 그곳에 넣겠습니다.
B 제가 짐을 넣어 드리겠습니다.

획순	コ 又 ヌ 对 对 欢	仁 仁 白 卯 卯 迎 迎
欢迎	欢　迎	
huānyíng	huānyíng	
환영하다		

획순	甬 甬 甬 甬 甬 甬 甬 通 通 通	道 道 道 首 首 首 首 道 道
通道	通　道	
tōngdào	tōngdào	
통로		

획순	靠 靠 靠 靠 靠	窗 窗 窗 窗 窗 窗 窗 窗 窗 窗 窗 窗
靠窗	靠　窗	
kào chuāng	kào chuāng	
창가		

획순	需 需 需 需 需 需 需 需 需 需 需 需	要 要 要 要 要 要 要 要 要
需要	需　要	
xūyào	xūyào	
요구되다, 필요로 하다		

획순	帮 帮 帮 帮 帮 帮 帮 帮 帮	忙 忙 忙 忙 忙 忙
帮忙	帮　忙	
bāngmáng	bāngmáng	
돕다, 거들다		

05

이륙 전 안전 점검

•••• **학습 목표** | 이륙 전 안전 점검에 업무에 필요한 표현을 할 수 있다.

•••• **학습 내용** | ☐ 太…了 ☐ 임박태 就要…了 ☐ 접속사 或(者)

☐ 명사 时

항공 상식과 Quiz

기내 안전 점검 내용과 중요성

항공기 사고 발생률은 주로 벼락에 맞아 사망할 확률, 로또 1등에 당첨될 확률과 비교되곤 합니다. 이를 통해 항공기는 사고 발생률이 매우 낮은 안전한 교통 수단 중 하나임을 알 수 있습니다. 그러나 항공기는 탑승 인원이 많아 사고 발생 시 대형 참사로 이어질 가능성이 크므로, 항공사에서는 항공 안전의 중요성을 항상 강조합니다.

미국의 항공기 제조업체 보잉사에서 최근 60여 년간의 항공기 사고를 조사하여 분석한 결과, 전체 사고의 61%가 이착륙 과정에서 발생했다고 합니다. 이 때문에 객실승무원은 이착륙 시 안전 점검에 특별히 주의를 기울이며, 비행 전과 비행 중에도 수시로 안전 점검을 실시하고 있습니다.

비행 중 안전 업무의 신속한 수행을 위하여 승객이 탑승하기 전에 기내 비상 보안 장비 및 객실 보안 점검을 합니다. 비상 보안 장비가 정상적으로 작동되는지 충분하게 실렸는지 등을 점검하며, 점검 중 이상이 발견될 경우에는 즉시 교체 조치하여 탑승 시작 전에 완벽하게 준비할 수 있도록 합니다. 승객이 탑승한 이후에는 항공기의 이착륙, 기류 변화, 비상 착륙을 대비하여 좌석벨트 착용 상태, 창문덮개 개방 유무, 수하물 선반의 정리 상태, 등받이 및 테이블 상태를 수시로 점검합니다. 사고라는 것은 미리 인지할 수 있는 것이 아니고, 갑자기 발생하는 것이기 때문에 예방과 대처가 가장 중요합니다.

Quiz

1) 안전 운항을 위한 객실승무원의 주 업무는 무엇인가요?
2) 비행 전 안전 점검 시 이상이 발견되면 어떻게 하나요?
3) 승객이 탑승한 이후 수시로 점검하는 사항은 무엇인가요?

단어

💬 회화 1

05-01

따라 쓰기 ✏️

系 jì 图 매다, 묶다

🔈安全带 ānquándài 图 좌석벨트, 안전벨트

太 tài 🅱 너무, 지나치게, 몹시

松 sōng 혱 느슨하다, 헐겁다

拉 lā 图 끌다, 당기다

这个 zhège 대 이, 이것

带 dài 图 벨트, 끈

调整 tiáozhěng 图 조절하다, 조정하다

毛毯 máotǎn 图 담요

💬 회화 2

05-02

飞机 fēijī 图 비행기, 항공기

就要 jiùyào 🅱 멀지 않아, 곧

🔈起飞 qǐfēi 图 (비행기가) 이륙하다

手机 shǒujī 图 휴대전화

用 yòng 图 쓰다, 사용하다

以后 yǐhòu 图 이후

关机 guānjī 图 전원을 끄다

或 huò 쩝 혹은, 또는

转入 zhuǎnrù 图 들어가다, 전환하다

飞行模式 fēixíng móshì 비행 모드

关上 guānshang 图 닫다, 끄다

🔈遮光板 zhēguāngbǎn 图 창문덮개

时 shí 图 때, 시

打开 dǎkāi 图 열다

영어로
확인하기

seat belt
安全带 좌석벨트

take off
起飞 이륙하다

window shade
遮光板 창문덮개

제시된 그림을 보고 질문에 답하세요.

不可以	松	毛毯
bù kěyǐ	sōng	máotǎn

1. **现在可以用手机吗?** 지금 휴대전화를 사용할 수 있나요?
   Xiànzài kěyǐ yòng shǒujī ma?

2. **她的安全带怎么了?** 그녀의 좌석벨트는 어떻게 되었나요?
   Tā de ānquándài zěnme le?

3. **她要什么了?** 그녀는 무엇을 요청했나요?
   Tā yào shénme le?

회화 1

 좌석벨트 확인

乘务员 　请系好安全带。
　　　　Qǐng jìhǎo ānquándài.

乘客 　　我的安全带太松了❶!
　　　　Wǒ de ānquándài tài sōng le!

乘务员 　请您拉这个带调整一下。
　　　　Qǐng nín lā zhège dài tiáozhěng yíxià.

乘客 　　现在可以给我毛毯吗?
　　　　Xiànzài kěyǐ gěi wǒ máotǎn ma?

乘务员 　请稍等。 等一下给您。
　　　　Qǐng shāo děng. Děng yíxià gěi nín.

Confirmation of seat belts

F Flight attendant　P Passenger

F　　Please fasten your seat belts.
P　　My seat belt is too loose.
F　　Please pull this belt and adjust it.
P　　Can I have a blanket now?
F　　Just a moment, please. I'll give it to you in a moment.

회화 2

 안전 점검

乘务员　我们的飞机就要起飞了❷。
Wǒmen de fēijī jiùyào qǐfēi le.

乘客　手机可以用吗?
Shǒujī kěyǐ yòng ma?

乘务员　起飞以后可以，现在请关机或❸转入飞行模式。
Qǐfēi yǐhòu kěyǐ,　xiànzài qǐng guānjī huò zhuǎnrù fēixíng móshì.

乘客　我可以关上遮光板吗?
Wǒ kěyǐ guānshang zhēguāngbǎn ma?

乘务员　不可以。起飞时❹要打开遮光板。
Bù kěyǐ.　Qǐfēi shí yào dǎkāi zhēguāngbǎn.

Safety check　　　　　　　　　　　　　　F Flight attendant　P Passenger

F　We'll be taking off shortly.
P　Can mobile phones be used?
F　It can be used after taking off, now please turn off or set to flight mode.
P　Can I close the window shade?
F　May not. Open the shade during take-off.

탑승 환영 및 비행 시간 안내

各位女士，各位先生：

Gèwèi nǚshì, gèwèi xiānsheng:

欢迎您乘坐我们的航班。

Huānyíng nín chéngzuò wǒmen de hángbān.

从北京到仁川的飞行时间预计为两个半小时。

Cóng Běijīng dào Rénchuān de fēixíng shíjiān yùjì wéi liǎng ge bàn xiǎoshí.

祝您旅途愉快。

Zhù nín lǚtú yúkuài.

05-05

 단어

各位 gèwèi 명 여러분 | 从 cóng 개 ~부터 | 北京 Běijīng 명 베이징, 북경 | 仁川 Rénchuān 명 인천 | 飞行
fēixíng 명 비행 동 비행하다 | 预计 yùjì 동 예상하다 | 为 wéi 개 ~되다 | 小时 xiǎoshí 명 시간 | 祝 zhù 동 기원
하다, 바라다 | 旅途 lǚtú 명 여정, 여행 도중 | 愉快 yúkuài 형 유쾌하다, 즐겁다

손님 여러분, 탑승을 환영합니다.

베이징부터 인천까지 비행 시간은 2시간 30분이 걸릴 것으로 예상하며, 인천까지 즐거운 비행이 되시길 바랍니다.

감사합니다.

Ladies and gentlemen, welcome aboard.

Our flight time from Beijing to Incheon will be 2 hours and 30 minutes. And we hope you enjoy the flight.

Thank you.

실력 향상 회화

 화장실 사용 금지 안내

STEP 1

다음 단어와 대화를 듣고 따라 읽으며 암기해 보세요.

🎧 05-06

☐ 洗手间 xǐshǒujiān

☐ 为了 wèile

☐ 安全 ānquán

☐ 平飞 píng fēi

☐ 使用 shǐyòng

☐ 牙刷 yáshuā

STEP 2

STEP 1을 가린 후 중국어로 말하고 써 보세요.

몡 화장실

개 ~을 위하여

몡 혱 안전(하다)

수평 비행

통 사용하다

몡 칫솔

🎧 05-07

乘客 **现在可以去洗手间吗?**
Xiànzài kěyǐ qù xǐshǒujiān ma?

乘务员 **为了您的安全,**
Wèile nín de ānquán,
请平飞以后使用洗手间。
qǐng píng fēi yǐhòu shǐyòng xǐshǒujiān.

乘客 **洗手间里有牙刷吗?**
Xǐshǒujiān li yǒu yáshuā ma?

乘务员 **有。**
Yǒu.

승객 지금 화장실을 가도 됩니까?

승무원 안전을 위해 안전 고도(수평 비행 상태)에 이른
후에 화장실을 사용해 주십시오.

승객 화장실에 칫솔이 있나요?

승무원 네, 있습니다.

어법

1. 太…了

'太…了'는 정도가 심함을 표시하는 말로 놀람, 감탄, 불만족 등을 나타냅니다. 문장 끝에 보통 느낌표를 씁니다.

我的安全带太松了!　　제 좌석벨트가 너무 느슨합니다!
Wǒ de ānquándài tài sōng le!

这个机场太大了!　　이 공항은 엄청 크네요!
Zhège jīchǎng tài dà le!

今天的机内餐太好了!　　오늘의 기내식이 너무 좋았어요!
Jīntiān de jīnèicān tài hǎo le!

> **WORD** 机场 jīchǎng 몡 공항 | 大 dà 혱 크다 | 今天 jīntiān 몡 오늘 | 机内餐 jīnèicān 몡 기내식

2. 임박태 就要…了

'就要…了'는 어떤 동작이나 상황이 곧 발생할 것임을 나타내며, 우리말의 '머지않아', '곧', '곧 ~하려고 하다', '곧 ~하게 될 것이다'에 해당합니다. 이 밖에 '要…了', '就…了', '快…了'도 같은 의미로 사용됩니다.

我们的飞机就要起飞了。　　저희 비행기가 곧 이륙합니다.
Wǒmen de fēijī jiùyào qǐfēi le.

我们马上就要分别了。　　우리는 곧 헤어지게 됩니다.
Wǒmen mǎshàng jiùyào fēnbié le.

车就要开了。　　차가 곧 출발합니다.
Chē jiùyào kāi le.

> **WORD** 分别 fēnbié 동 헤어지다, 이별하다 | 车 chē 몡 차 | 开 kāi 동 출발하다

3. 접속사 或(者)

'或'는 접속사로 두 개 또는 두 개 이상의 성분 중 하나를 선택할 때 사용합니다. 우리말의 '혹은', '또는', '그렇지 않으면'에 해당합니다.

现在请关机或转入飞行模式。　　지금은 전원을 끄거나 비행 모드로 전환해 주십시오.
Xiànzài qǐng guānjī huò zhuǎnrù fēixíng móshì.

明天或者后天，我都有空。　　내일이나 모레 저는 다 한가합니다.
Míngtiān huòzhě hòutiān, wǒ dōu yǒu kòng.

你去，或他去，都可以。　　네가 가든지 그가 가든지 모두 다 됩니다.
Nǐ qù, huò tā qù, dōu kěyǐ.

> **WORD**　明天 míngtiān 몡 내일 | 后天 hòutiān 몡 모레 | 空 kòng 몡 틈, 짬

4. 명사 时

'时'는 비교적 긴 시간 단위를 가리키며, 우리말의 '때', '시', '시대', '시기' 등에 해당합니다.

起飞时要打开遮光板。　　이륙 시에는 창문덮개를 열어야 합니다.
Qǐfēi shí yào dǎkāi zhēguāngbǎn.

听音乐时要带上耳机。　　음악을 들을 때 이어폰을 껴야 합니다.
Tīng yīnyuè shí yào dàishang ěrjī.

开车时要注意安全。　　운전할 때 안전에 주의해야 합니다.
Kāichē shí yào zhùyì ānquán.

> **WORD**　音乐 yīnyuè 몡 음악 | 带上 dàishang 동 끼다, 차다 |
> 耳机 ěrjī 몡 이어폰 | 开车 kāichē 동 운전하다

연습 문제

 녹음의 대화를 듣고 알맞은 사진을 고르세요.

🎧 05-08

 보기

A

B

1) _____   2) _____

 녹음을 듣고 제시된 문장과 일치하면 O, 다르면 X를 표시하세요.

🎧 05-09

1) 我们的飞机就要起飞了。　　_____

2) 请您拉这个带调整一下。　　_____

3) 现在可以给我毛毯吗?　　_____

 〈보기〉에서 알맞은 답을 골라 문장을 완성하세요.

 보기

或　　就要…了　　太…了

1) 我们的飞机_____起飞_____。

2) 我的安全带_____松_____。

3) 现在请关机_____转入飞行模式。

제시된 단어를 바르게 배열하여 문장을 완성하세요.

1) 请　　安全带　　系　　好

_____。

2) 用　　手机　　可以　　起飞　　以后

_____。

3) 吗　　可以　　我　　关上　　遮光板

_____?

5 그림을 보고 제시된 단어를 사용하여 문장을 만들어 보세요.

1)

打开

_____

2)

给

_____

읽고 써 보며 재확인하기

STEP 1 오늘의 단어 (선 연결하기)

安全带 •	• take off •	• 창문덮개
起飞 •	• seat belt •	• 이륙하다
遮光板 •	• window shade •	• 좌석벨트

STEP 2 오늘의 회화 (빈칸 채우기)

A 我的安全带太松了!

　　Wǒ de ＿＿＿＿＿ tài sōng le!

B 请您拉这个带调整一下。
　　Qǐng nín lā zhège dài tiáozhěng yíxià.

A 现在可以给我毛毯吗?

　　＿＿＿＿＿ kěyǐ gěi wǒ máotǎn ma?

B 请稍等。等一下给您。
　　Qǐng shāo děng. Děng yíxià gěi nín.

Hint!
A 제 좌석벨트가 너무 느슨합니다!
B 이 끈을 당겨서 조절해 주십시오.
A 지금 담요를 주실 수 있나요?
B 잠시만 기다려 주십시오. 잠시 후에 가져다 드리겠습니다.

STEP 3 오늘의 작문 (빈칸 채우기)

A 我们的飞机就要起飞了。
　　Wǒmen de fēijī jiùyào qǐfēi le.

B ＿＿＿＿＿ 可以用吗?

　　Shǒujī kěyǐ yòng ma?

A 起飞以后可以，现在请 ＿＿＿＿＿ 或转入飞行模式。

　　Qǐfēi yǐhòu kěyǐ, xiànzài qǐng guānjī huò zhuǎnrù fēixíng móshì.

B 我可以关上遮光板吗?
　　Wǒ kěyǐ guānshang zhēguāngbǎn ma?

A 不可以。起飞时要打开遮光板。
　　Bù kěyǐ. Qǐfēi shí yào dǎkāi zhēguāngbǎn.

Hint!
A 저희 비행기가 곧 이륙합니다.
B 휴대전화를 사용할 수 있습니까?
A 이륙 후에 가능합니다. 지금은 전원을 끄거나 비행 모드로 전환해 주십시오
B 창문덮개를 닫아도 됩니까?
A 아니요. 이륙 시에는 창문덮개를 열어야 합니다.

획순	一 十 キ キ キ 走 走 起 起 起　　　　乁 飞 飞	
起飞	起	飞
qǐfēi	qǐfēi	
(비행기가) 이륙하다		

획순	二 二 三 手　　　　一 十 才 机 机 机	
手机	手	机
shǒujī	shǒujī	
휴대전화		

획순	一 十 才 扌 打　　　　二 二 开 开	
打开	打	开
dǎkāi	dǎkāi	
열다		

획순	调 调 调 调 调 调 调 调 调 调　　　　ı ı ı ı 中 東 束 敕 敕 敕 敕 整 整 整 整	
调整	调	整
tiáozhěng	tiáozhěng	
조절하다, 조정하다		

획순	二 二 三 毛　　　　乇 乇 三 毛 毛 毛 毿 毿 毿 毿 毿 毯	
毛毯	毛	毯
máotǎn	máotǎn	
담요		

06

식음료 서비스

●●●● **학습 목표** | 식음료 서비스 업무에 필요한 표현을 할 수 있다.

●●●● **학습 내용** | ☐ 请问 ☐ 선택의문문 还是 ☐ 개사 把 ☐ 개사 给

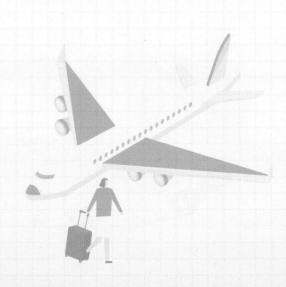

항공 상식과 Quiz

기내 식음료 서비스 절차

'항공사 서비스의 꽃은 기내식이다'라는 말은 승객들이 가장 민감하게 반응하고, 승객의 만족도를 높일 수 있는 서비스가 기내식이라는 것을 대변하여 줍니다. 항공 노선의 특성과 출발 시간, 비행 시간에 따라 기내서비스의 형태는 차이가 있지만 일반적으로 중·장거리 노선의 일반석 서비스는 다음과 같습니다.

승객이 탑승하게 되면 칫솔, 치약, 슬리퍼, 안대가 포함된 비행 편의용품 세트(Amenity Kit)와 기내 엔터테인먼트 프로그램 이용에 필요한 헤드폰을 제공합니다. 둘째, 기내 식음료 서비스 전에 승객에게 쾌적함을 드리기 위해 타월 서비스를 합니다. 타월은 충분히 가열한 후 습도 및 냄새를 점검하여 제공합니다. 셋째, 기내 음료 서비스는 시간대에 따라 제공 방법의 차이가 있으며, 카트를 이용하거나 트레이에 준비하여 서비스합니다. 음료 서비스가 끝나면 기내식 서비스를 합니다.

기내식은 최근 한식의 대중화로 인하여 항공사별로 비빔밥, 불갈비, 불고기, 영양 쌈밥 등 다양한 한식 메뉴가 준비되어 있으며, 그중 가장 대표적인 한식 메뉴는 비빔밥입니다. 이 밖에도 일식 및 중식, 현지식까지 비행 구간 및 시간, 객실 등급, 승객 국적 분포에 따라 조정하여 탑재됩니다. 기내식 서비스 시 와인도 함께 권유하며, 다른 음료가 필요한 승객에게는 별도로 주문을 받아 제공합니다. 이후 커피와 차를 서비스하고, 식사가 마무리 되면 기내식을 회수하여 정리합니다. 승객들의 식사가 지상이 아닌 하늘에서 제공되므로 편안한 식사가 진행되도록 정성어린 서비스가 필요합니다.

1) 타월 서비스 시 점검해야 할 사항은 무엇인가요?
2) 기내 음료를 제공하는 2 가지 방법은 무엇인가요?
3) 한식 기내식의 가장 대표적인 메뉴는 무엇인가요?

Quiz

단어

회화 1

06-01

请问 qǐngwèn 실례합니다, 말씀 좀 여쭙겠습니다 · 따라 쓰기

 喝 hē 통 마시다

饮料 yǐnliào 명 음료

果汁 guǒzhī 명 주스

可乐 kělè 명 콜라

矿泉水 kuàngquánshuǐ 명 생수, 광천수

要 yào 통 바라다, 요구하다

热茶 rèchá 명 뜨거운 차

红茶 hóngchá 명 홍차

还是 háishi 접 또는, 아니면

乌龙茶 wūlóngchá 명 우롱차

把 bǎ 개 ~을, ~를

杯子 bēizi 명 컵, 잔

小心 xiǎoxīn 통 조심하다, 주의하다

烫手 tàngshǒu 통 손을 데다

회화 2

06-02

各位 gèwèi 명 여러분

小桌板 xiǎozhuōbǎn 명 테이블

饭 fàn 명 식사, 밥

牛肉 niúròu 명 소고기

鱼 yú 명 생선

哪 nǎ 대 어느, 어떤

一种 yìzhǒng 일종의, 하나의, 한가지

咖啡 kāfēi 명 커피

一会儿 yíhuìr 부 잠시 후에, 짧은 시간 내

给 gěi 개 ~에게, ~를 향하여

送来 sònglai 통 보내오다, 보내드리다

辣酱 làjiàng 명 고추장

拿 ná 명 (손으로) 잡다, 가져가다

영어로 확인하기 | drink 喝 마시다 | beverage 饮料 음료 | coffee 咖啡 커피

그림 보고 말하기

제시된 그림을 보고 질문에 답하세요.

 보기

牛肉　　　　　　鱼　　　　　　咖啡
niúròu　　　　　　yú　　　　　　kāfēi

1. 他要吃什么?　그는 무엇을 먹으려고 하나요?
   Tā yào chī shénme?

2. 她要吃什么?　그녀는 무엇을 먹으려고 하나요?
   Tā yào chī shénme?

3. 他还要什么了?　그는 무엇을 더 요청했나요?
   Tā hái yào shénme le?

음료 서비스

06-03

| 乘务员 | 请问❶，您要喝什么？ |
| | Qǐngwèn, nín yào hē shénme? |

| 乘客 | 都有什么饮料？ |
| | Dōu yǒu shénme yǐnliào? |

| 乘务员 | 有果汁、可乐和矿泉水。 |
| | Yǒu guǒzhī、kělè hé kuàngquánshuǐ. |

| 乘客 | 我要热茶。 |
| | Wǒ yào rèchá. |

| 乘务员 | 您要红茶还是❷乌龙茶？ |
| | Nín yào hóngchá háishi wūlóngchá? |

| 乘客 | 我要乌龙茶。 |
| | Wǒ yào wūlóngchá. |

| 乘务员 | 请把❸杯子放这儿，小心烫手。 |
| | Qǐng bǎ bēizi fàng zhèr, xiǎoxīn tàngshǒu. |

Beverage service

F Flight attendant　P Passenger

F　Would you like something to drink?
P　What drinks do you have?
F　We have juices, coke and mineral water.
P　I want to drink hot tea.
F　Would you like black tea or oolong tea?
P　Oolong tea, please.
F　Please put cup here, Please be careful, it's hot.

회화 2

 식사 서비스

🎧 06-04

乘务员 **请各位打开小桌板。**
Qǐng gèwèi dǎkāi xiǎozhuōbǎn.

乘客 **都有什么饭？**
Dōu yǒu shénme fàn?

乘务员 **有牛肉和鱼，您要哪一种？**
Yǒu niúròu hé yú, nín yào nǎ yìzhǒng?

乘客 **我要牛肉，还要咖啡。**
Wǒ yào niúròu, hái yào kāfēi.

乘务员 **咖啡一会儿给❹您送来。**
Kāfēi yíhuìr gěi nín sònglai.

乘客 **有辣酱吗？**
Yǒu làjiàng ma?

乘务员 **有，请稍等，我去给您拿。**
Yǒu, qǐng shāo děng, wǒ qù gěi nín ná.

Meal service

F Flight attendant P Passenger

F　Would you like to open your tray table?
P　What kind of meal do you have?
F　There's beef and fish, which do you want?
P　I want beef. And coffee, please.
F　Coffee will be served to you in a moment.
P　Do you have spicy sauce?
F　Yes, Just a moment please. I'll get it for you.

안내 방송

 좌석벨트 상시 착용 안내

06-05

女士们，先生们：
Nǚshìmen, xiānshengmen:

安全带的指示灯已关闭，但是随着气流的变化，
Ānquándài de zhǐshìdēng yǐ guānbì, dànshì suízhe qìliú de biànhuà,

飞机可能会突然颠簸，为了您的安全请您在座位上系好安全带。
fēijī kěnéng huì tūrán diānbǒ, wèile nín de ānquán qǐng nín zài zuòwèi shang jìhǎo ānquándài.

指示灯 zhǐshìdēng 몡 지시등, 표시등 | 关闭 guānbì 동 닫다, 끄다 | 但是 dànshì 젭 그러나 | 随着 suízhe 꺼 ~에 따라서 | 气流 qìliú 몡 기류, 공기의 흐름 | 变化 biànhuà 몡 변화 | 可能 kěnéng 閅 아마도 | 会 huì 조동 ~할 것이다 | 突然 tūrán 閅 갑자기 | 颠簸 diānbǒ 동 뒤흔들리다, 요동하다

손님 여러분,
방금 좌석벨트 표시등이 꺼졌습니다. 그러나 기류 변화로 비행기가 갑자기 흔들릴 수 있으니 자리에 앉아 계실 때는 좌석벨트를 항상 매 주시기 바랍니다.
감사합니다.

Ladies and gentlemen,
the captain has turned off the seat belt sign.
In case of any unexpected turbulence, we recommend you keep your seat belt fastened while seated.
Thank you.

실력 향상 회화

 와인 서비스

STEP 1

다음 단어와 대화를 듣고 따라 읽으며 암기해 보세요.

🎧 06-06

- ✅ 红葡萄酒 hóng pútáojiǔ
- ☐ 白葡萄酒 bái pútáojiǔ
- ☐ 哪个 nǎge
- ☐ 花生 huāshēng

🎧 06-07

乘客 有葡萄酒吗?
　　 Yǒu pútáojiǔ ma?

乘务员 有，红葡萄酒和白葡萄酒，您要哪个?
　　　 Yǒu, hóng pútáojiǔ hé bái pútáojiǔ, nín yào nǎge?

乘客 我要红葡萄酒。有花生吗?
　　 Wǒ yào hóng pútáojiǔ. Yǒu huāshēng ma?

乘务员 有，马上给您。
　　　 Yǒu, mǎshàng gěi nín.

STEP 2

STEP 1을 가린 후 중국어로 말하고 써 보세요.

몡 레드와인

몡 화이트와인

때 어느 (것), 어떤

몡 땅콩

승객 와인이 있습니까?

승무원 네 , 레드와인과 화이트와인 중 어떤 것으로 드
　　　 릴까요?

승객 저는 레드와인으로 주세요. 땅콩이 있나요?

승무원 있습니다. 곧 드리겠습니다

어법

1. 请问

'请问'은 주로 문장 앞에 위치하며, 상대방에게 무엇인가를 정중하게 물어볼 때 사용하는 예의 바른 표현입니다. 영어의 please와 유사하며 우리말의 '실례합니다', '말씀 좀 여쭙겠습니다'에 해당합니다.

请问，您要喝什么?   실례합니다. 음료는 무엇으로 하시겠습니까?
Qǐngwèn, nín yào hē shénme?

请问，您找什么?   실례합니다. 무엇을 찾으십니까?
Qǐngwèn, nín zhǎo shénme?

请问，有咖啡吗?   실례합니다. 커피가 있나요?
Qǐngwèn, yǒu kāfēi ma?

WORD   找 zhǎo 동 찾다

2. 선택의문문 还是

'还是'는 상대방에게 둘 중 하나를 선택하는 제안을 할 때 쓰입니다. 'A 还是 B' 형식의 의문문으로, 우리말의 '~또는', '~아니면'에 해당합니다. 문장 뒤에 의문조사 '吗'는 올 수 없습니다.

您要红茶还是乌龙茶?   홍차로 드릴까요 아니면 우롱차로 드릴까요?
Nín yào hóngchá háishi wūlóngchá?

你今天去还是明天去?   오늘 갑니까 아니면 내일 갑니까?
Nǐ jīntiān qù háishi míngtiān qù?

行李自带还是托运?   짐은 휴대하십니까 아니면 부치십니까?
Xíngli zìdài háishi tuōyùn?

WORD   自 zì 부 스스로, 몸소

3. 개사 把

'把'는 목적어를 동사 앞으로 이동시켜 동작 행위를 강조할 때 사용하는 표현으로 주로 사람이나 사물에 대한 처치와 영향을 나타냅니다. 우리말의 '~을(를)'에 해당하며, 동사 뒤에는 반드시 기타 성분이 나와야 합니다.

请把杯子放这儿，小心烫手。　　　컵을 여기에 올려 주십시오. 뜨거우니 조심하십시오.
Qǐng bǎ bēizi fàng zhèr, xiǎoxīn tàngshǒu.

请把护照给我看看。　　　여권을 저에게 좀 보여 주세요.
Qǐng bǎ hùzhào gěi wǒ kànkan.

请把小桌板打开一下。　　　식사 테이블을 내려 주세요.
Qǐng bǎ xiǎozhuōbǎn dǎkāi yíxià.

4. 개사 给

'给'는 '주다'라는 동사로도 쓰이지만 본문에서는 '~에게'라는 뜻으로 대상을 나타내는 개사로 쓰였습니다.

请稍等，我去给您拿。　　　잠시 기다려 주십시오, 제가 가져다 드리겠습니다.
Qǐng shāo děng, wǒ qù gěi nín ná.

请给我看一下您的护照。　　　여권을 좀 보여 주십시오.
Qǐng gěi wǒ kàn yíxià nín de hùzhào.

我给您介绍空姐。　　　제가 스튜어디스를 소개해 드리겠습니다.
Wǒ gěi nín jièshào kōngjiě.

WORD 介绍 jièshào 동 소개하다 | 空姐 kōngjiě 명 스튜어디스

연습 문제

1 녹음의 대화를 듣고 알맞은 사진을 고르세요.

 보기

A   B

🎧 06-08

1) _____   2) _____

2 녹음을 듣고 제시된 문장과 일치하면 O, 다르면 X를 표시하세요.

🎧 06-09

1) 请把杯子放这儿，小心烫手。 _____

2) 我要牛肉，还要咖啡。 _____

3) 有果汁、可乐和矿泉水。 _____

3 〈보기〉에서 알맞은 답을 골라 문장을 완성하세요.

 보기

给   还是   还

1) 您要红茶_____乌龙茶?

2) 我要牛肉，_____要咖啡。

3) 请稍等，我去_____您拿。

제시된 단어를 바르게 배열하여 문장을 완성하세요.

1) 一种　　您　　哪　　要

_____?

2) 都　　饮料　　什么　　有

_____?

3) 这儿　　请　　杯子　　放　　把

_____。

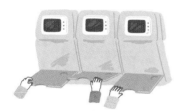 그림을 보고 제시된 단어를 사용하여 문장을 만들어 보세요.

1)

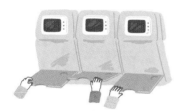

各位

_____

2)

一会儿

_____

STEP 1 　오늘의 단어 (선 연결하기)

喝	•	•	coffee	•	•	음료
饮料	•	•	beverage	•	•	마시다
咖啡	•	•	drink	•	•	커피

STEP 2 　오늘의 회화 (빈칸 채우기)

A 都有什么饮料?
Dōu yǒu shénme yǐnliào?

B 有果汁、可乐和矿泉水。
Yǒu guǒzhī、kělè hé _____ .

A 我要热茶。
Wǒ yào rèchá.

B 您要红茶还是乌龙茶?
Nín yào hóngchá _____ wūlóngchá?

A 我要乌龙茶。
Wǒ yào wūlóngchá.

STEP 3 　오늘의 작문 (빈칸 채우기)

A 请各位打开 _____ 。
Qǐng gèwèi dǎkāi xiǎozhuōbǎn.

B 都有什么饭?
Dōu yǒu shénme fàn?

A 有牛肉和鱼, 您要哪一种?
Yǒu niúròu hé yú, nín yào nǎ yìzhǒng?

B 我要牛肉,还要咖啡。
Wǒ yào niúròu, hái yào kāfēi.

A 咖啡一会儿给您 _____ 。
Kāfēi yíhuìr gěi nín sònglai.

간체자 쓰기

획순	饮饮饮饮饮饮饮饮		米米米米米米米米米料料	
饮料	饮	料		
yǐnliào	yǐnliào			
음료				

획순	果果果果果果果果		汁汁汁汁汁	
果汁	果	汁		
guǒzhī	guǒzhī			
주스				

획순	牛牛牛牛		门门内内肉肉	
牛肉	牛	肉		
niúròu	niúròu			
소고기				

획순	咖咖咖咖咖咖咖咖		啡啡啡啡啡啡啡啡啡啡啡	
咖啡	咖	啡		
kāfēi	kāfēi			
커피				

획순	辣辣辣辣辣辣辣辣辣辣辣辣辣辣		酱酱酱酱酱酱酱酱酱酱酱酱酱	
辣酱	辣	酱		
làjiàng	làjiàng			
고추장				

07

기내 면세품 판매

•••• **학습 목표 |** 기내 면세품 판매 및 계산 업무에 필요한 표현을 할 수 있다.

•••• **학습 내용 |** ☐ 조동사 想 ☐ 조동사 能 ☐ 부사 已经 ☐ 개사 用

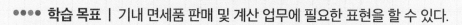
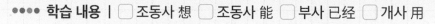

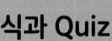
기내 면세품 판매 방법 및 면세품 종류

전 세계 항공사 기내 면세점 매출은 전체 면세점 시장의 5% 수준으로 출국장 면세점이나 시내 면세점에 비하면 높지는 않습니다. 이는 대부분 승객이 출국장 면세점을 우선적으로 이용하고 미처 구입하지 못했을 경우, 기내에서 구입하기 때문입니다. 그러나, 우리나라 국적 항공사의 기내 면세점 매출은 이보다는 높은 제법 큰 규모입니다. 기내에서 판매하는 면세품의 종류로는 주류, 화장품, 향수, 액세서리, 초콜릿, 펜류, 어린이 선물 용품 등이 있습니다.

기내 면세품 판매 서비스는 크게 항공기 기내 주문 판매, 사전 예약 주문 판매, 귀국편 사전 주문 판매로 구분할 수 있습니다. 항공기 기내 주문 판매는 승객이 탑승한 이후 면세품 주문서를 접수 받아 판매하는 방식입니다. 판매 전에 기내 면세품 판매에 대한 방송이나 영상물을 상영하며, 면세품 카트를 이용한 방식과 좌석에 비치된 주문서를 이용한 방식이 있습니다. 사전 예약 주문 판매는 인터넷, 전화, 이메일 등을 통해 사전에 주문 받은 후 기내에서 면세품을 전달하는 판매 방식입니다. 예약 주문 시 결제까지 완료하므로 기내에서 별도로 결제하지 않아도 됩니다. 귀국편 사전 주문 제도는 주문서 작성 항공기 도착 시점 기준으로 72시간 이후 출발 항공편을 이용하는 승객에 한하여 출국편 기내에서 주문하고 귀국편에서 면세품을 수령하는 방식입니다.

객실승무원은 상품 세팅, 판매, 결제, 재고 파악 등의 면세품 판매 관련 업무를 원활하게 수행할 수 있어야 합니다. 이를 위해 판매 상품에 대한 충분한 지식은 물론 국가별 면세 허용량, 결제 수단, 주문 가능 시한 등 관련 규정을 숙지해야 합니다.

Quiz

1) 기내에서 판매하는 면세품의 종류에는 무엇이 있나요?
2) 승객이 탑승한 이후 면세품 주문서를 접수 받아 판매하는 방식은 무엇인가요?
3) 귀국편에 면세품을 수령하는 판매 방식은 무엇인가요?

단어

💬 회화 1
07-01

따라 쓰기 ✏️

销售 xiāoshòu 통 판매하다

免税 miǎnshuì 통 면세하다

商品 shāngpǐn 명 상품

想 xiǎng 조동 ~하고 싶다

买 mǎi 통 사다

化妆品 huàzhuāngpǐn 명 화장품

能 néng 조동 ~할 수 있다

推荐 tuījiàn 통 추천하다

自己 zìjǐ 대 자기, 자신

送人 sòngrén 통 (남에게) 주다

送给 sònggěi 통 주다, 선사하다

妈妈 māma 명 어머니

女朋友 nǚpéngyou 명 여자 친구

最近 zuìjìn 명 요즘

很 hěn 부 매우, 아주

热销 rèxiāo 형 잘 팔리다

参考 cānkǎo 통 참고하다

本 běn 양 권

书 shū 명 책

知道 zhīdào 통 알다

💬 회화 2
07-02

牌子 páizi 명 상표, 브랜드

威士忌 wēishìjì 명 위스키(whisky)

抱歉 bàoqiàn 통 미안하게 생각하다

已经 yǐjīng 부 이미, 벌써

卖完 màiwán 통 매진되다, 다 팔리다

盒 hé 양 상자(상자를 셀 때 쓰임)

巧克力 qiǎokèlì 명 초콜릿

付 fù 통 지불하다

现金 xiànjīn 명 현금

刷卡 shuākǎ 통 카드를 긁다

用 yòng 개 ~로, ~로써

人民币 rénmínbì 명 인민폐

支付 zhīfù 통 지불하다

零钱 língqián 명 잔돈

收据 shōujù 명 영수증

영어로 확인하기

TAX FREE **duty-free** 免税 면세

TAG **brand** 牌子 상표

CARD **pay** 支付 지불하다

그림 보고 말하기

제시된 그림을 보고 질문에 답하세요.

보기

巧克力	威士忌	人民币
qiǎokèlì	wēishìjì	rénmínbì

1. **她想买什么?** 그녀는 무엇을 사고 싶어 하나요?
   Tā xiǎng mǎi shénme?

2. **什么商品已经卖完了?** 어떤 상품이 이미 매진되었나요?
   Shénme shāngpǐn yǐjīng màiwán le?

3. **她要怎么支付?** 그녀는 어떻게 지불하려고 하나요?
   Tā yào zěnme zhīfù?

회화 1

 기내 면세품 판매

07-03

乘务员　现在开始销售免税商品。
　　　　Xiànzài kāishǐ xiāoshòu miǎnshuì shāngpǐn.

乘客　　我想❶买化妆品，能❷推荐一下吗？
　　　　Wǒ xiǎng mǎi huàzhuāngpǐn, néng tuījiàn yíxià ma?

乘务员　是自己用还是送人？
　　　　Shì zìjǐ yòng háishi sòngrén?

乘客　　送给妈妈和女朋友。
　　　　Sònggěi māma hé nǚpéngyou.

乘务员　最近这个商品很热销。您可以参考这本书。
　　　　Zuìjìn zhège shāngpǐn hěn rèxiāo. Nín kěyǐ cānkǎo zhè běn shū.

乘客　　知道了，谢谢。
　　　　Zhīdào le,　xièxie.

In-flight duty free sales

F Flight attendant P Passenger

F　Now we start selling duty-free items.
P　I want to buy cosmetics. Would you recommend something?
F　Is it for yourself or for someone else?
P　To my mother and girlfriend.
F　This item is very hot recently. Here's your in-flight duty free magazine.
P　Thank you.

회화 2

 기내 면세품 계산

07-04

乘客
请问，有这个牌子的威士忌吗？
Qǐngwèn, yǒu zhège páizi de wēishìjì ma?

乘务员
抱歉。这个商品已经❸卖完了。
Bàoqiàn. Zhège shāngpǐn yǐjīng màiwán le.

乘客
那我就买两盒巧克力吧。
Nà wǒ jiù mǎi liǎng hé qiǎokèlì ba.

乘务员
好的。您是付现金还是刷卡？
Hǎo de. Nín shì fù xiànjīn háishi shuākǎ?

乘客
可以用❹人民币支付吗？
Kěyǐ yòng rénmínbì zhīfù ma?

乘务员
可以。这是零钱和收据。
Kěyǐ.   Zhè shì língqián hé shōujù.

In-flight duty free calculation

F Flight attendant P Passenger

P   Excuse me, Do you have this brand of whiskey?
F   I'm sorry but I'm afraid we've run out of that whiskey.
P   Then I'll take two boxes of chocolate.
F   All right. Would you like to pay cash or credit card?
P   Can I pay for it in Renminbi(RMB)?
F   Yes. Here's the change and receipt.

기내 면세품 판매 안내

 07-05

各位乘客：
Gèwèi chéngkè:

现在开始销售机上免税商品。
Xiànzài kāishǐ xiāoshòu jīshàng miǎnshuì shāngpǐn.

需要购买的乘客，请填写免税品订单。
Xūyào gòumǎi de chéngkè, qǐng tiánxiě miǎnshuìpǐn dìngdān.

如果您已预购免税品，请告知乘务员。谢谢!
Rúguǒ nín yǐ yùgòu miǎnshuìpǐn, qǐng gàozhī chéngwùyuán. Xièxie!

机上 jīshàng 명 기내 | 购买 gòumǎi 동 구매하다 | 填写 tiánxiě 동 써 넣다, 기입하다 | 免税品 miǎnshuìpǐn 명 면세품 | 订单 dìngdān 명 주문서 | 如果 rúguǒ 접 만약 | 预购 yùgòu 동 예약 구입하다 | 告知 gàozhī 동 알리다

손님 여러분,
곧 기내 면세품 판매를 시작하겠습니다.
면세품 구입을 원하시면 주문서를 써 주시고 예약 주문 하신 분은 승무원에게 말씀해 주십시오. 감사합니다!

Ladies and gentlemen,
Soon, we will begin duty-free sales.
If you would like to order duty-free items, please fill out the order form.
If you have made an order duty-free items in advance, please let us know that.
Thank you!

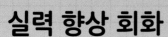

 면세품 예약

STEP 1

다음 단어와 대화를 듣고 따라 읽으며 암기해 보세요.

🎧 07-06

☑ 预订 yùdìng

☐ 返程 fǎnchéng

☐ 可 kě

☐ 取 qǔ

☐ 预订单 yùdìngdān

☐ 日期 rìqī

☐ 航班号 hángbān hào

☐ 周到 zhōudào

STEP 2

STEP 1을 가린 후 중국어로 말하고 써 보세요.

통 예약하다

명 돌아오는 노선

조동 ~할 수 있다

통 받다, 찾다

명 사전 주문서

명 날짜

명 항공편명

형 세밀하다, 주도면밀하다

🎧 07-07

乘客	我想预订返程可取的免税商品。 Wǒ xiǎng yùdìng fǎnchéng kě qǔ de miǎnshuì shāngpǐn.

乘务员　这是预订单，请您填写。
Zhè shì yùdìngdān, qǐng nín tiánxiě.

乘客　填好了。
Tiánhǎo le.

乘务员　这是您的预订单，返程日期和航班号。
Zhè shì nín de yùdìngdān, fǎnchéng rìqī hé hángbān hào.

乘客　谢谢。你们的服务真周到。
Xièxie. Nǐmen de fúwù zhēn zhōudào.

승객　돌아오는 항공편에서 받을 수 있는 면세 상품을 예약하고 싶습니다.

승무원　이 사전 주문서를 작성해 주십시오.

승객　다 작성했어요.

승무원　이것은 손님의 사전 주문서이고, 돌아오시는 날짜와 항공편명입니다.

승객　감사합니다. 서비스가 정말 주도면밀하네요.

어법

1. 조동사 想

'想'은 동사 앞에 위치하여 '~하고 싶다', '바라다'의 의미로 말하는 사람의 바람, 희망을 나타냅니다.

我想买化妆品。　　　저는 화장품을 사고 싶습니다.
Wǒ xiǎng mǎi huàzhuāngpǐn.

我想去瑞士待一个月。　　　저는 스위스에 가서 한 달 동안 머무르고 싶습니다.
Wǒ xiǎng qù Ruìshì dāi yí ge yuè.

'~하고 싶지 않다'는 부정형은 '不想'으로 나타냅니다.

我不想一个人去旅行。　　　저는 혼자 여행 가고 싶지 않습니다.
Wǒ bù xiǎng yí ge rén qù lǚxíng.

> **WORD**　瑞士 Ruìshì 명 스위스 | 待 dāi 동 머물다, 체류하다 | 旅行 lǚxíng 동 여행하다

2. 조동사 能

'能'은 동사 앞에 위치하여 '~할 수 있다', '~해도 된다'는 가능과 허락의 의미를 나타냅니다. 또한 어떤 일에 대한 능력이나 가능성을 가지고 있음을 나타내며, 객관적인 조건에서 어떤 일이 허락됨을 나타냅니다.

能推荐一下吗?　　　추천 좀 해 주실 수 있나요?
Néng tuījiàn yíxià ma?

我朋友能说英语、韩语、汉语和日语。　　　제 친구는 영어, 한국어, 중국어와 일본어를 말할 수 있습니다.
Wǒ péngyou néng shuō Yīngyǔ、Hányǔ、Hànyǔ hé Rìyǔ.

现在能预订机票吗?　　　지금 비행기 표를 예약할 수 있습니까?
Xiànzài néng yùdìng jīpiào ma?

> **WORD**　朋友 péngyou 명 친구 | 说 shuō 동 말하다 | 英语 Yīngyǔ 명 영어 |
> 韩语 Hányǔ 명 한국어 | 汉语 Hànyǔ 명 중국어 | 日语 Rìyǔ 명 일본어

3. 부사 已经

'已经'은 '이미', '벌써'라는 뜻의 부사로 이미 발생한 일을 나타낼 때 사용하며, 일반적으로
문장 끝에 완료를 나타내는 '了'를 동반합니다.

这个商品已经卖完了。　　　이 상품은 이미 다 팔렸습니다.
Zhège shāngpǐn yǐjīng màiwán le.

我已经办完登机手续了。　　　저는 이미 탑승 수속을 마쳤습니다.
Wǒ yǐjīng bànwán dēngjī shǒuxù le.

> **WORD** 办 bàn 동 처리하다

반대의 의미인 '아직 ~하지 않았다'는 '还没(有)…'로 표현하고 문장 끝에 '了'는 쓰지 않습니다.

我朋友还没办完登机手续。　　　제 친구는 아직 탑승 수속을 마치지 못했습니다.
Wǒ péngyou hái méi bànwán dēngjī shǒuxù.

4. 개사 用

'用'은 '주어 + 用 + 도구·방식·수단 + 동사 + 기타 성분'의 구조를 이루어 동작의 도구,
방식, 수단을 나타냅니다. 우리말의 '~로', '~로써'에 해당합니다.

可以用人民币支付吗?　　　위안화로 지불할 수 있습니까?
Kěyǐ yòng rénmínbì zhīfù ma?

在免税店可以用代金券付款。　　　면세점에서 상품권으로 지불할 수 있습니다.
Zài miǎnshuìdiàn kěyǐ yòng dàijīnquàn fùkuǎn.

和外国朋友在一起, 我们用英语对话。　　　외국인 친구들과 같이 있으면 우리는 영어로 대화합니다.
Hé wàiguó péngyou zài yìqǐ, wǒmen yòng Yīngyǔ duìhuà.

> **WORD** 免税店 miǎnshuìdiàn 명 면세점 | 代金券 dàijīnquàn 명 상품권 | 付款 fùkuǎn 동 지불하다 |
> 外国 wàiguó 명 외국 | 对话 duìhuà 동 대화하다

또 '用'은 동사로 쓰여 '사용하다'라는 뜻을 나타내기도 합니다.

是自己用还是送人?　　　본인이 사용하실 건가요 아니면 선물하실 건가요?
Shì zìjǐ yòng háishi sòngrén?

이 밖에 '먹다(吃)', '마시다(喝)'의 예의 바른 존대의 표현으로도 사용합니다.

请用茶。　　차를 드세요.　　　　请慢用。　　천천히 맛있게 드세요.
Qǐng yòng chá.　　　　　　　　Qǐng màn yòng.

연습 문제

1 녹음의 대화를 듣고 알맞은 사진을 고르세요.

 보기

A

B

1) _____

2) _____

2 녹음을 듣고 제시된 문장과 일치하면 O, 다르면 X를 표시하세요.
07-09

1) 这是零钱和收据。　　　　　_____

2) 您是付现金还是刷卡?　　　_____

3) 抱歉。这个商品已经卖完了。_____

3 〈보기〉에서 알맞은 답을 골라 문장을 완성하세요.

 보기

还是　　参考　　和

1) 送给妈妈_____女朋友。

2) 是自己用_____送人?

3) 您可以_____这本书。

제시된 단어를 바르게 배열하여 문장을 완성하세요.

1) 一下　　推荐　　能　　吗

_____?

2) 热销　　商品　　最近　　很　　这个

_____。

3) 人民币　　可以　　用　　吗　　支付

_____?

 그림을 보고 제시된 단어를 사용하여 문장을 만들어 보세요.

1)

免税商品

_____

2)

威士忌

_____

읽고 써 보며 재확인하기

STEP 1 오늘의 단어 (선 연결하기)

免税 •	• duty-free •	• 상표
牌子 •	• pay •	• 면세
支付 •	• brand •	• 지불하다

STEP 2 오늘의 회화 (빈칸 채우기)

A 现在开始销售免税商品。

Xiànzài kāishǐ _____ miǎnshuì shāngpǐn.

B 我想买化妆品，能推荐一下吗？
Wǒ xiǎng mǎi huàzhuāngpǐn, néng tuījiàn yíxià ma?

A 是自己用还是送人？

Shì zìjǐ yòng _____ sòngrén?

B 送给妈妈和女朋友。
Sònggěi māma hé nǚpéngyou.

> **Hint!**
> A 지금부터 기내 면세품 판매를 시작하겠습니다.
> B 화장품을 사고 싶은데, 추천 좀 해 주실 수 있나요?
> A 본인이 사용하실 건가요 아니면 선물하실 건가요?
> B 어머니와 여자 친구에게 주려고요.

STEP 3 오늘의 작문 (빈칸 채우기)

A 请问，有这个牌子的威士忌吗？
Qǐngwèn, yǒu zhège páizi de wēishìjì ma?

B _____。这个商品已经卖完了。

Bàoqiàn. Zhège shāngpǐn yǐjīng màiwán le.

A 那我就买两盒巧克力吧。
Nà wǒ jiù mǎi liǎng hé qiǎokèlì ba.

B 好的。您是付现金还是 _____ ？

Hǎo de. Nín shì fù xiànjīn háishi shuākǎ?

> **Hint!**
> A 실례지만, 이 상표의 위스키가 있나요?
> B 죄송합니다. 이 상품은 이미 다 팔렸습니다.
> A 그럼 초콜릿 두 박스 살게요.
> B 네. 현금으로 하시겠습니까 카드로 하시겠습니까?

간체자 쓰기

획순	ㄱ ㅏ 支 支	ㅣ ㅓ ㅓ ㅓ 付 付
支付	支 付	
zhīfù	zhīfù	
지불하다		

획순	ㄱ ㄱ ㅕ ㅕ ㅕ 免 免	税 税 ㅜ ㅜ ㅜ 秎 秎 秎 税 税 税 税 税
免税	免 税	
miǎnshuì	miǎnshuì	
면세하다		

획순	ㅣ ㅣ 甼 甼 甼 甼 最 最 最 最 最 最	ㄷ ㄷ ㅕ 斤 斤 沂 近 近
最近	最 近	
zuìjìn	zuìjìn	
요즘		

획순	扌 扌 扌 扌 扌 扩 扩 拃 排 推 推	ㅜ ㅗ ㅗ 茡 茡 芐 芐 荐 荐
推荐	推 荐	
tuījiàn	tuījiàn	
추천하다		

획순	ㄴ ㅕ 收 收 收 收	扌 扌 扌 扌 护 护 护 护 据 据 据
收据	收 据	
shōujù	shōujù	
영수증		

 上
 中
 下

08

입국 서류 안내

•••• **학습 목표** ┃ 입국 서류 안내 업무에 필요한 표현을 할 수 있다.

•••• **학습 내용** ┃ ☐ 부사 好像 ☐ 가정문 …的话 ☐ 부분 부정 不太 ☐ 来

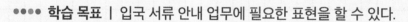
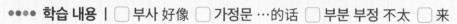

국가별 입국 서류 작성 방법

항공기 도착 전, 다른 국가에 입국하는 승객은 해당 국가의 입국 서류를 양식에 맞게 작성해야 합니다. 입국 서류를 사전에 작성하지 않으면 이로 인해 입국 심사 시 통과가 지연되며, 언어가 통하지 않아 소통이 원활하게 이루어지지 않으면 당황하거나 곤란한 상황이 생길 수 있습니다.

입국 서류는 국가별로 다르지만, 일반적으로 입국 신고서와 세관 신고서가 있으며, 그 나라 국민임을 나타내는 문서인 여권은 필수로 소지해야 합니다. 일부 국가에 따라 추가적인 서류를 요구하기도 합니다. 객실승무원은 승객의 최종 목적지를 확인한 후 입국 서류를 배포합니다.

국가별 입국 서류 작성 방법을 알아보면, 미국은 세관 신고서만 작성합니다. 세관 신고서는 검정이나 파란색 펜을 사용해서 영문 대문자로 작성해야 합니다. ESTA(비자 면제 프로그램)를 신청해서 가는 경우 본인의 여권이 전자 여권인지 반드시 확인해야 하며, 이는 여권 커버 하단의 전자칩 모양 표식을 통해 확인할 수 있습니다. 일본은 입국 신고서와 세관 신고서를 작성합니다. 중국은 입국 신고서만 작성하며, 입국 신고서 좌측에 붙어 있는 출국 신고서는 출국 시 제출합니다.

세관 신고서를 작성할 때는 해당 국가 면세 허용 규정을 확인해야 합니다. 국가마다 면세 허용 규정이 다르며, 규정에 따라 신고할 물품이 있는 경우에는 반드시 신고해야 합니다. 2020년 1월 기준 대한민국의 휴대품 면세 범위는 주류 1병(1L, US $400 이하), 담배 200개비(1보루), 향수 60ml, 기타 물품의 경우 US $600 이하입니다.

Quiz

1) 일반적인 입국 서류의 종류는 무엇이 있나요?
2) 모든 국가 입국 시 필요하며, 그 나라 국민임을 나타내는 여행 허가 공식 문서는 무엇인가요?
3) 대한민국 휴대품 면세 범위를 말해 보세요.

단어

🔊 08-01

💬 회화 1

따라 쓰기 ✏️

首尔 Shǒu'ěr 몡 서울

🔉入境卡 rùjìngkǎ 몡 입국 신고서

🔉海关申报单 hǎiguān shēnbàodān 몡 세관 신고서

好像 hǎoxiàng 통 마치 ~과 같다, 비슷하다

没有 méiyǒu 통 없다

什么 shénme 때 어떤 것, 아무것(불특정 사물을 나타냄)

申报 shēnbào 통 신고하다

填写 tiánxiě 통 써 넣다, 기입하다

一家人 yìjiārén 몡 한 집안 식구

的话 dehuà 조 ~하다면, ~이면

张 zhāng 양 장(종이를 세는 단위)

换乘 huànchéng 통 갈아타다

也 yě 뷔 그래도, ~해도

🔊 08-02

💬 회화 2

不太 bú tài 그다지 ~하지 않다

清楚 qīngchu 혱 분명하다, 명확하다

内容 nèiróng 몡 내용

英语 Yīngyǔ 몡 영어

入境 rùjìng 통 입국하다

目的 mùdì 몡 목적

来 lái 통 동사 앞에 쓰여 어떤 일을 하려는 것을 나타냄

项目 xiàngmù 몡 항목

中 zhōng 몡 중, 범위 내

选 xuǎn 통 고르다, 선택하다

不客气 bú kèqi 천만에요, 별말씀을요

下面 xiàmian 통 아래

🔉签名 qiānmíng 통 서명하다

哦 ò 감 아, 오(납득을 나타냄)

영어로 확인하기

arrival card
入境卡
입국 신고서

customs declaration form
海关申报单
세관 신고서

sign
签名 서명하다

그림 보고 말하기

제시된 그림을 보고 질문에 답하세요.

 보기

首尔   入境卡和海关申报单   一张
Shǒu'ěr   rùjìngkǎ hé hǎiguān shēnbàodān   yì zhāng

1. 他要去什么地方?   그는 어디에 가나요?
   Tā yào qù shénme dìfang?

2. 乘务员发给乘客什么?   승무원은 승객에게 무엇을 나누어 주나요?
   Chéngwùyuán fāgěi chéngkè shénme?

3. 一家人的话，要填写几张申报单?   가족이면 신고서를 몇 장 작성해야 하나요?
   Yìjiārén dehuà, yào tiánxiě jǐ zhāng shēnbàodān?

입국 서류 안내1

08-03

乘务员　**您是去首尔吗?**
Nín shì qù Shǒu'ěr ma?

乘客1　**是。**
Shì.

乘务员　**这是入境卡和海关申报单。**
Zhè shì rùjìngkǎ hé hǎiguān shēnbàodān.

乘客1　**好像❶没有什么要申报的。**
Hǎoxiàng méiyǒu shénme yào shēnbào de.

乘务员　**都要填写的。一家人的话❷，填写一张申报单就可以。**
Dōu yào tiánxiě de. Yìjiārén dehuà, tiánxiě yì zhāng shēnbàodān jiù kěyǐ.

乘客2　**我是换乘的，也要填写吗?**
Wǒ shì huànchéng de, yě yào tiánxiě ma?

乘务员　**那您不需要填写。**
Nà nín bù xūyào tiánxiě.

Immigration documents service1　F Flight attendant　P1 Passenger1　P2 Passenger2

F　Are you going to Seoul?
P1　Yes.
F　This is an arrival card and customs declaration form.
P1　There seems to be nothing to declare.
F　You have to fill out. Just fill out one customs declaration form per family.
P2　I'm just staying at the airport. Do I need to fill them out?
F　Then you don't have to fill out.

입국 서류 안내 2　　　　　　　　　　　　　　　08-04

乘客 　　**乘务员，我不太❸清楚怎么填写入境卡。**
　　　　 Chéngwùyuán, wǒ bú tài qīngchu zěnme tiánxiě rùjìngkǎ.

乘务员 　**我帮您。内容请用英语填写。**
　　　　 Wǒ bāng nín. Nèiróng qǐng yòng Yīngyǔ tiánxiě.

乘客 　　**入境目的，怎么填写？**
　　　　 Rùjìng mùdì,　zěnme tiánxiě?

乘务员 　**我来❹看一下。在这几个项目中，您可以选一个。**
　　　　 Wǒ lái kàn yíxià.　Zài zhè jǐ ge xiàngmù zhōng, nín kěyǐ xuǎn yí ge.

乘客 　　**谢谢你。**
　　　　 Xièxie nǐ.

乘务员 　**不客气。请在下面签名。**
　　　　 Bú kèqi.　Qǐng zài xiàmian qiānmíng.

乘客 　　**哦！我看到了。谢谢。**
　　　　 Ò!　Wǒ kàndào le.　Xièxie.

Immigration documents service 2
　　　　　　　　　　　　　　　　F Flight attendant P Passenger

P　Flight attendant, I don't know how to fill out the arrival card.
F　I'll help you. Please fill it out in English.
P　How do I fill out the purpose of visit?
F　Let me check. You can choose one of the following examples.
P　Thank you.
F　You're welcome. Please sign your signature below.
P　Oh! I see it. Thank you.

입국 서류 안내

女士们，先生们 :
Nǚshìmen, xiānshengmen:

 08-05

现在开始发给大家入境卡，
Xiànzài kāishǐ fāgěi dàjiā rùjìngkǎ,

前往首尔的乘客，请您准确地填写入境卡。
qiánwǎng Shǒu'ěr de chéngkè, qǐng nín zhǔnquè de tiánxiě rùjìngkǎ.

 단어

发 fā 동 발급하다, 배포하다 | 准确 zhǔnquè 형 정확하다, 틀림없다

손님 여러분께,
지금부터 입국 신고서를 나누어 드리겠습니다.
서울로 가시는 승객분들께서는 입국 신고서를 정확히 작성해 주시기 바랍니다.

Ladies and gentlemen,
From now on, we'll hand out the arrival card.
Passengers to Seoul, please fill out the arrival card correctly.

세관 신고서 작성 안내

STEP 1
다음 단어와 대화를 듣고 따라 읽으며 암기해 보세요.

🎧 08-06

- ☑ 主要 zhǔyào
- ☐ 呢 ne
- ☐ 超过 chāoguò
- ☐ 美元 měiyuán
- ☐ 动物 dòngwù
- ☐ 植物 zhíwù
- ☐ 水产品 shuǐchǎnpǐn
- ☐ 等 děng

STEP 2
STEP 1을 가린 후 중국어로 말하고 써 보세요.

- 부 주로, 대부분
- 조 문장 끝에서 의문을 나타냄
- 동 초과하다
- 명 미국 달러
- 명 동물
- 명 식물
- 명 수산물
- 조 등, 따위

🎧 08-07

乘客　海关申报单上主要申报什么呢?
Hǎiguān shēnbàodān shang zhǔyào shēnbào shénme ne?

乘务员　超过600美元的免税品。
Chāoguò liùbǎi měiyuán de miǎnshuìpǐn.

乘客　还有呢?
Hái yǒu ne?

乘务员　动、植物产品和水产品等。
Dòng、zhíwù chǎnpǐn hé shuǐchǎnpǐn děng.

승객　세관 신고서에 주로 무엇을 신고해야 합니까?

승무원　미화 600달러를 초과한 면세품입니다.

승객　그리고요?

승무원　동, 식물 제품과 수산물 등입니다.

어법

1. 부사 好像

'好像'은 '~인 것처럼', '~인 것 같다'라는 뜻의 부사로 불확실한 추측, 판단이나 느낌을 나타낼 때 사용합니다. 문장 뒷부분에 '似的', '一样' 등과 같이 호응하기도 합니다.

好像没有什么要申报的。　　신고할 것이 없는 것 같은데요.
Hǎoxiàng méiyǒu shénme yào shēnbào de.

乘客好像有点儿不舒服似的。　　승객이 좀 불편한 것 같습니다.
Chéngkè hǎoxiàng yǒudiǎnr bù shūfu shìde.

这里的服务好像在自己的家一样舒服。　　이곳의 서비스는 마치 제집처럼 편합니다.
Zhèli de fúwù hǎoxiàng zài zìjǐ de jiā yíyàng shūfu.

> **WORD** 有点儿 yǒudiǎnr 图 조금, 약간 | 舒服 shūfu 혱 편안하다 | 似的 shìde 조 ~과 같다 |
> 家 jiā 몡 집 | 一样 yíyàng 조 ~같이, ~처럼

2. 가정문 …的话

'的话'는 '~한다면'에 해당하는 접속사로 가정의 의미를 나타냅니다. 주로 앞부분에 '如果' 또는 '要是'와 함께 쓰여 '如果(要是)…的话' 문형을 이루며, '만약 ~한다면'으로 해석합니다. '如果', '要是', '的话' 중 하나만 사용하여 가정을 나타낼 수도 있으며, 뒷절에 '那么', '就'와 호응하기도 합니다.

一家人的话，填写一张申报单就可以。　　가족이시면 신고서 한 장만 작성하시면 됩니다.
Yìjiārén dehuà, tiánxiě yì zhāng shēnbàodān jiù kěyǐ.

如果下大雪的话，飞机就没办法按时起飞。　　눈이 많이 내리면 비행기는 제시간에 이륙할 수 없습니다.
Rúguǒ xià dàxuě dehuà, fēijī jiù méi bànfǎ ànshí qǐfēi.

要是有问题的话，可以随时来找我们。　　문제가 있으면 언제든지 저희를 찾아오셔도 됩니다.
Yàoshi yǒu wèntí dehuà, kěyǐ suíshí lái zhǎo wǒmen.

> **WORD** 下大雪 xià dàxuě 눈이 많이 내리다 | 办法 bànfǎ 몡 방법 | 按时 ànshí 뫼 제시간에 |
> 要是 yàoshi 젭 만일 ~이라면 | 问题 wèntí 몡 문제 | 随时 suíshí 뫼 언제나

3. 부분 부정 不太

부사 '太', '很', '大' 또는 의문대사 '怎么', '那么'가 부정을 나타내는 '不'와 함께 쓰이면 부분 부정을 나타내어 '별로 ~하지 않다', '그다지 ~하지 않다'의 의미를 가집니다. 예를 들면 '不太清楚'는 '不清楚'보다 정도가 가벼우며 어투가 비교적 부드럽습니다.

我不太清楚怎么填写入境卡。   입국 신고서를 어떻게 작성해야 할지 잘 모르겠어요.
Wǒ bú tài qīngchu zěnme tiánxiě rùjìngkǎ.

我对中国的历史不很了解。   저는 중국의 역사에 대해 별로 잘 모릅니다.
Wǒ duì Zhōngguó de lìshǐ bù hěn liǎojiě.

这几天空气不怎么好。   요 며칠은 공기가 그다지 좋지 않습니다.
Zhè jǐ tiān kōngqì bù zěnme hǎo.

> **WORD**   对 duì 께 ~에 대하여 | 中国 Zhōngguó 명 중국 | 历史 lìshǐ 명 역사 |
> 了解 liǎojiě 동 알다 | 空气 kōngqì 명 공기 | 怎么 zěnme 대 그다지, 별로

4. 来

'来'는 '오다'라는 뜻의 동사로 주로 사용되지만, 본문에서는 동사 앞에 놓여 '제가 ~을 하겠습니다'라는 어떤 일을 하고자 하는 적극성을 나타냅니다.

我来看一下您的护照。   제가 여권을 좀 보겠습니다.
Wǒ lái kàn yíxià nín de hùzhào.

我来介绍一下，这位是金先生。   제가 소개를 하겠습니다, 이분은 김 선생님입니다.
Wǒ lái jièshào yíxià, zhè wèi shì Jīn xiānsheng.

이 밖에도 상대방에게 어떤 행동을 하게 하려는 어감을 나타내기도 합니다.

电话铃响了，你来接一下吧。   전화벨이 울리니 당신이 좀 받아 보세요.
Diànhuàlíng xiǎng le, nǐ lái jiē yíxià ba.

> **WORD**   电话铃 diànhuàlíng 명 전화벨 | 响 xiǎng 동 울리다 | 接 jiē 동 받다

연습 문제

1 녹음의 대화를 듣고 알맞은 사진을 고르세요.

🎧 08-08

 보기

A

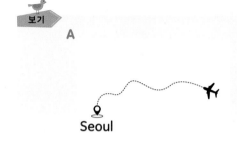

Seoul

B

1) _____

2) _____

2 녹음을 듣고 제시된 문장과 일치하면 O, 다르면 X를 표시하세요.

🎧 08-09

1) 内容请用英语填写。　　　　　　　_____

2) 一家人的话，填写一张申报单就可以。_____

3) 那您不需要填写。　　　　　　　　_____

3 〈보기〉에서 알맞은 답을 골라 문장을 완성하세요.

 보기

客气　　不太　　入境卡

1) 这是_____和海关申报单。

2) 我_____清楚怎么填写入境卡。

3) 不_____。请在下面签名。

제시된 단어를 바르게 배열하여 문장을 완성하세요.

1) 吗　　您　　去　　首尔　　是

_____?

2) 申报　　什么　　好像　　要　　没有　　的

_____。

3) 一个　　您　　中　　在　　选　　这几个项目　　可以　　，

_____。

 그림을 보고 제시된 단어를 사용하여 문장을 만들어 보세요.

1)

换乘

_____

2)

入境目的

_____

STEP 1 오늘의 단어 (선 연결하기)

入境卡 •	• sign •	• 세관 신고서
海关申报单 •	• arrival card •	• 서명하다
签名 •	• customs declaration form •	• 입국 신고서

STEP 2 오늘의 회화 (빈칸 채우기)

A 您是去首尔吗?
　Nín shì qù Shǒu'ěr ma?

B 是。
　Shì.

A 这是入境卡和海关申报单。
　Zhè shì ＿＿＿＿ hé hǎiguān shēnbàodān.

B 好像没有什么要申报的。
　＿＿＿＿ méiyǒu shénme yào shēnbào de.

A 都要填写的。
　Dōu yào tiánxiě de.

Hint!

A 서울로 가십니까?
B 예.
A 입국 신고서와 세관 신고서입니다.
B 신고할 것이 없는 것 같은데요.
A 그래도 모두 작성하셔야 합니다.

STEP 3 오늘의 작문 (빈칸 채우기)

A 乘务员，我不太清楚怎么填写入境卡。
　Chéngwùyuán, wǒ bú tài qīngchu zěnme tiánxiě rùjìngkǎ.

B 我帮您。内容请用英语 ＿＿＿＿ 。
　Wǒ bāng nín. Nèiróng qǐng yòng Yīngyǔ tiánxiě.

A ＿＿＿＿ 目的，怎么填写?
　Rùjìng mùdì, zěnme tiánxiě?

B 我来看一下。在这几个项目中，您可以选一个。
　Wǒ lái kàn yíxià. Zài zhè jǐ ge xiàngmù zhōng, nín kěyǐ xuǎn yí ge.

Hint!

A 승무원, 입국 신고서를 어떻게 작성해야 할지 잘 모르겠어요.
B 제가 도와드리겠습니다. 내용은 영어로 작성해 주십시오.
A 입국 목적은 어떻게 작성하나요?
B 제가 좀 보겠습니다. 여기 몇 가지 항목 중 하나를 고르시면 됩니다.

간체자 쓰기

획순	氵 氵 氵 汽 沪 海 海 海 海		¥ ¥ ¥ 关 关	
海关	海	关		
hǎiguān	hǎiguān			
세관				

획순	一 圤 圤 圤 圤 圤 圤 圤 圤 埴 填 填		冖 写 写 写 写	
填写	填	写		
tiánxiě	tiánxiě			
써 넣다, 기입하다				

획순	丨 冂 内 内		宀 宀 宀 宀 宀 宀 宀 容 容 容	
内容	内	容		
nèiróng	nèiróng			
내용				

획순	氵 氵 氵 汗 泮 浂 清 清 清 清 清		十 士 圥 圥 圥 楚 楚 楚 楚 楚 楚 楚 楚	
清楚	清	楚		
qīngchu	qīngchu			
분명하다, 명확하다				

획순	丿 丿 丿 丿 丿 丿 丿 丿 签 签 签 签		丿 夕 夕 名 名 名	
签名	签	名		
qiānmíng	qiānmíng			
서명하다				

09

착륙 전후 안내

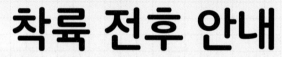

●●●● **학습 목표 |** 착륙 준비와 도착 안내 업무에 필요한 표현을 할 수 있다.

●●●● **학습 내용 |** ☐ 부사 大概 ☐ 어림수 左右 ☐ 부사 別 ☐ 비교문 比

항공 상식과 Quiz

항공사 객실승무원 공개 채용을 대비하는 방법

항공사 객실승무원을 희망하는 지원자들은 대한민국 국적 항공사나 외국 항공사 객실승무원을 목표로 준비합니다. 공개 채용은 일반적으로 서류 전형, 면접, 체력 테스트, 신체 검사 등을 진행합니다. 항공사에 따라 원하는 인재상과 채용 기준은 조금씩 차이가 있으나 공통적으로 요구되는 자질은 유사합니다.

공개 채용에 대비하여 갖추어야 할 객실승무원의 자질은 무엇인지 알아봅시다. 첫째, 서비스 마인드입니다. 승객의 안전한 여행을 책임질 수 있는 안전 의식과 더불어 편안하고 즐거운 여행이 될 수 있도록 서비스 정신을 발휘해야 합니다. 둘째, 소통 능력입니다. 승무원은 팀 비행 체제로 움직이기 때문에 많게는 20명의 팀원들과 함께 비행을 하게 됩니다. 따라서 조직에 빠르게 적응하고, 동료들과 팀워크를 발휘하기 위해서는 원만한 의사소통 능력이 요구됩니다. 셋째, 글로벌 감각입니다. 다양한 국적의 승객들에게 서비스를 제공해야 하는 승무원은 공항, 기내, 현지에서의 의사소통을 위해 글로벌 어학 능력은 필수입니다. 영어는 물론이고, 중국인 관광객 증가

및 중국 노선 확대에 따라 중국어 가능자에게 가산점을 주거나 중국 항공사도 한국인 승무원을 채용하므로 중국어에 대한 심층 학습도 필요합니다. 또한, 타 문화에 대한 넓은 이해와 빠른 수용력도 승무원이 갖추어야 할 자질 중 하나입니다. 넷째, 항공기 탑승 근무에 적합한 신체 조건 및 건강한 체력도 필요합니다. 신체 검사 시 건강상의 문제가 확인되면 입사를 포기해야 하는 상황이 올 수 있으므로, 사전에 건강 상태를 체크해 보는 것이 좋습니다. 또한, 지속적인 체력 관리로 체력 테스트에도 대비해야 합니다.

Quiz

1) 항공사 객실승무원 공개 채용 절차는 어떻게 되나요?
2) 다양한 국적의 승객들에게 서비스를 제공하고, 공항, 기내, 현지에서의 의사소통을 위해 필요한 자질은 무엇인가요?
3) 팀 비행 체제인 객실승무원 근무를 위해 필요한 자질은 무엇인가요?

단어

💬 회화 1

따라 쓰기 ✏️
 🎧 09-01

下降 xiàjiàng 동 하강하다

再次 zàicì 부 재차, 거듭

确认 quèrèn 동 확인하다

是否 shìfǒu 부 ~인지 아닌지

大概 dàgài 부 대략

仁川 Rénchuān 명 인천

机场 jīchǎng 명 공항

左右 zuǒyòu 명 가량, 안팎, 정도

北京 Běijīng 명 베이징

时差 shíchā 명 시차

小时 xiǎoshí 명 시간

慢 màn 형 느리다

调 tiáo 동 조절하다, 맞추다

手表 shǒubiǎo 명 손목시계

💬 회화 2

🎧 09-02

在 zài 부 ~하는 중이다

滑行 huáxíng 동 활주하다

保持 bǎochí 동 지키다, 유지하다

完全 wánquán 부 완전히

停稳 tíngwěn 동 완전히 멈추다

坐 zuò 동 앉다, 타다

别 bié 부 ~하지 마라, ~해서는 안 된다

急 jí 동 조급하게 굴다, 서두르다

快 kuài 형 빠르다

刚才 gāngcái 명 지금 막, 방금

广播 guǎngbō 명 방송

说 shuō 동 말하다

今天 jīntiān 명 오늘

度 dù 명 도(온도)

比 bǐ 개 ~보다

凉快 liángkuai 형 서늘하다, 시원하다

一些 yìxiē 약간, 조금

感谢 gǎnxiè 동 감사하다

乘坐 chéngzuò 동 탑승하다

航班 hángbān 명 항공편

下次 xiàcì 명 다음번

再会 zàihuì 동 재회하다

영어로 확인하기

descend 下降 하강하다

airport 机场 공항

broadcast 广播 방송

그림 보고 말하기

제시된 그림을 보고 질문에 답하세요.

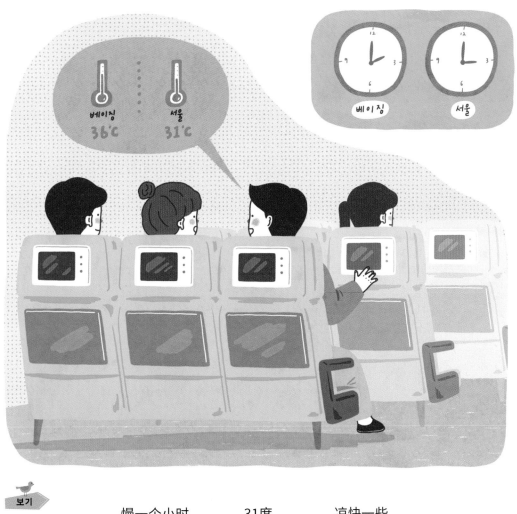

보기

慢一个小时
màn yí ge xiǎoshí

31度
sānshíyī dù

凉快一些
liángkuai yìxiē

1. 北京和首尔的时差是几个小时? 베이징과 서울의 시차는 몇 시간인가요?
   Běijīng hé Shǒu'ěr de shíchā shì jǐ ge xiǎoshí?

2. 首尔今天几度? 오늘 서울은 몇 도인가요?
   Shǒu'ěr jīntiān jǐ dù?

3. 首尔比北京凉快吗? 서울이 베이징보다 시원한가요?
   Shǒu'ěr bǐ Běijīng liángkuai ma?

회화 1

착륙 준비

🎧 09-03

乘务员	飞机开始下降了。请再次确认是否系好安全带。
	Fēijī kāishǐ xiàjiàng le.　Qǐng zàicì quèrèn shìfǒu jìhǎo ānquándài.

乘客	乘务员，飞机大概❶几分钟后到仁川机场？
	Chéngwùyuán, fēijī dàgài jǐ fēnzhōng hòu dào Rénchuān jīchǎng?

乘务员	大概20分钟左右❷。
	Dàgài èrshí fēnzhōng zuǒyòu.

乘客	北京和首尔的时差是几个小时？
	Běijīng hé Shǒu'ěr de shíchā shì jǐ ge xiǎoshí?

乘务员	北京慢一个小时。
	Běijīng màn yí ge xiǎoshí.

乘客	那我调一下手表。
	Nà wǒ tiáo yíxià shǒubiǎo.

Prepare for landing

F Flight attendant　P Passenger

F	The plane began to descend. Please make sure your seat belt is fastened.
P	Excuse me, How long will it be before we get to Incheon International Airport?
F	About 20 minutes.
P	What's the time difference between Beijing and Seoul?
F	Beijing is an hour slow.
P	Then I'll change my watch.

회화 2

도착 안내

09-04

乘务员
飞机还在滑行，请保持安全带系好。
Fēijī hái zài huáxíng, qǐng bǎochí ānquándài jìhǎo.

乘客1
我的行李在那边，我想拿。
Wǒ de xíngli zài nàbian, wǒ xiǎng ná.

乘务员
飞机还没有完全停稳，请您坐好。
Fēijī hái méiyǒu wánquán tíngwěn, qǐng nín zuòhǎo.

(일행인 승객2가 승객1에게)

乘客2
你别❸急! 快系上安全带吧。
Nǐ bié jí! Kuài jìshàng ānquándài ba.

乘客1
刚才广播上说首尔今天几度？
Gāngcái guǎngbō shang shuō Shǒu'ěr jīntian jǐ dù?

乘客2
31度。首尔比❹北京凉快一些。
Sānshíyī dù. Shǒu'ěr bǐ Běijīng liángkuai yìxiē.

乘务员
女士们先生们，飞机已经停稳。
Nǚshìmen xiānshengmen, fēijī yǐjīng tíngwěn.

感谢您乘坐我们的航班，下次再会。
Gǎnxiè nín chéngzuò wǒmen de hángbān, xiàcì zàihuì.

Arrival   F Flight attendant P1 Passenger1 P2 Passenger2

F   The plane is still taxing. Please keep your seat belt fastened.
P1 My baggage is over there, I want to take that out.
F   The plane has not stopped yet. Please sit down.
P2 Don't hurry! Put your seat belt on.
P1 How many degrees it say that Seoul was today?
P2 31 degrees. Seoul is cooler than Beijing.
F   Ladies and gentlemen, The plane has stopped.
    Thank you for flying with us. I hope to see you on board again.

안내 방송

 착륙 안내

 09-05

女士们，先生们：
Nǚshìmen, xiānshengmen:

飞机正在下降，请您回座位坐好，系好安全带，
Fēijī zhèngzài xiàjiàng, qǐng nín huí zuòwèi zuòhǎo, jìhǎo ānquándài,

收起小桌板，将座椅靠背调整到正常位置。
shōuqǐ xiǎozhuōbǎn, jiāng zuòyǐ kàobèi tiáozhěng dào zhèngcháng wèizhi.

谢谢!
Xièxie!

 단어

正在 zhèngzài 분 마침(~하고 있는 중이다) | 回 huí 동 돌아가다 | 收起 shōuqǐ 동 접다 | 座椅 zuòyǐ 명 (의자 식) 좌석 | 靠背 kàobèi 명 의자의 등받이 | 正常 zhèngcháng 명 정상

손님 여러분,
잠시 후 착륙하겠습니다. 좌석벨트를 매 주시기 바랍니다.
테이블과 좌석 등받이를 제 위치로 정리 부탁드리겠습니다. 감사합니다!

Ladies and gentlemen,
We will be landing shortly. Please make sure seat belt is fastened.
And return your seat back and tray table.
Thank you!

실력 향상 회화

 착륙 후 대화

STEP 1

다음 단어와 대화를 듣고 따라 읽으며 암기해 보세요.

🎧 09-06

☑ 国际 guójì

☐ 慢走 mànzǒu

☐ 哇 wā

☐ 终于 zhōngyú

☐ 得 de

☐ 厉害 lìhai

☐ 吓一跳 xià yí tiào

☐ 第一 dì-yī

☐ 直 zhí

☐ 冒汗 màohàn

STEP 2

STEP 1을 가린 후 중국어로 말하고 써 보세요.

몡 국제

안녕히 가세요

깝 와

튀 마침내

조 동사나 형용사와 정도보어를 연결함

혱 심하다

깜짝 놀라다

수 첫 번째

튀 줄곧, 내내

동 땀이 나다

🎧 09-07

乘务员　**我们的飞机已经到达仁川国际机场。**
Wǒmen de fēijī yǐjīng dàodá Rénchuān guójì jīchǎng.
请慢走。
Qǐng mànzǒu.

乘客1　**哇！终于安全到达了。**
Wā! Zhōngyú ānquán dàodá le.

乘客2　**刚才飞机颠簸得很厉害，吓了一跳吧?**
Gāngcái fēijī diānbǒ de hěn lìhai, xiàle yí tiào ba?

乘客1　**我是第一次坐飞机，直冒汗。**
Wǒ shì dì-yī cì zuò fēijī, zhí màohàn.

승무원　저희 비행기는 인천국제공항에 도착했습니다.
안녕히 가십시오.

승객1　와! 드디어 무사히 도착했어.

승객2　좀 전에 비행기가 심하게 흔들려서 놀랐지?

승객1　나는 비행기를 처음 타서 내내 식은땀이 났어.

어법

1. 부사 大概

'大概'는 주로 문장 앞부분이나 술어 앞에 위치하여 '(주어) + 大概 + 술어 + 목적어'의 형식으로 쓰입니다. 우리말의 '대략', '아마도'에 해당하며, 사물에 대한 판단, 추측, 의심 등 말하는 사람의 심리적인 태도를 나타내거나 시간, 수량에 대한 추측이나 짐작 등을 표현할 때 사용합니다.

飞机大概几分钟后到仁川机场?　　비행기는 대략 몇 분 후에 인천공항에 도착하나요?
Fēijī dàgài jǐ fēnzhōng hòu dào Rénchuān jīchǎng?

从机场到酒店大概需要多长时间?　　공항에서 호텔까지 대략 얼마나 걸립니까?
Cóng jīchǎng dào jiǔdiàn dàgài xūyào duō cháng shíjiān?

我们的酒店大概在明洞附近吧?　　저희 호텔이 아마도 명동 근처에 있는 것 같죠?
Wǒmen de jiǔdiàn dàgài zài Míngdòng fùjìn ba?

> **WORD**　酒店 jiǔdiàn 명 호텔 | 多 duō 부 얼마나 | 长 cháng 형 길다(시간적 거리) |
> 明洞 Míngdòng 명 명동 | 附近 fùjìn 명 근처

2. 어림수 左右

'左右'는 수량사 뒤에 쓰여 어림수를 나타내며, 우리말의 '~정도', '약 ~'에 해당합니다.

大概20分钟左右。　　대략 20분 정도 후입니다.
Dàgài èrshí fēnzhōng zuǒyòu.

这架飞机可以坐三百人左右。　　이 비행기는 300명 정도 탈 수 있습니다.
Zhè jià fēijī kěyǐ zuò sānbǎi rén zuǒyòu.

我要买两万元左右的礼物。　　저는 약 2만원 정도 하는 선물을 사려고 합니다.
Wǒ yào mǎi liǎngwàn yuán zuǒyòu de lǐwù.

> **WORD**　架 jià 양 대(비행기를 세는 단위) | 万 wàn 수 만 | 礼物 lǐwù 명 선물

3. 부사 别

'别'는 '~하지 마라', '~해서는 안 된다'라는 뜻으로 '不要', '勿 wù'와 같은 금지의 뜻을 나타냅니다. 상대방이 하고 있는 어떤 행위를 하지 말라고 요구할 때 사용합니다.

你别急！快系上安全带吧。　　　서두르지 마세요! 어서 좌석벨트를 매세요.
Nǐ bié jí! Kuài jìshàng ānquándài ba.

在室内，请别抽烟。　　　실내에서는 담배를 피우지 마세요.
Zài shìnèi, qǐng bié chōuyān.

别担心！应该没事的。　　　걱정 마세요! 별일 없을 겁니다.
Bié dānxīn! Yīnggāi méishì de.

> **WORD**　室内 shìnèi 명 실내 | 抽烟 chōuyān 동 담배를 피우다 | 担心 dānxīn 동 걱정하다 |
> 应该 yīnggāi 조동 마땅히 ~해야 한다 | 没事 méishì 동 별일 없다, 무사하다

4. 비교문 比

'比'는 'A + 比 + B + 형용사 + (구체적 차이)'의 형식으로 쓰여, 'A는 B보다 ~하다'의 뜻을 나타내어 비교문을 이룹니다.

他比我大两岁。　　　그는 나보다 두 살 많습니다.
Tā bǐ wǒ dà liǎng suì.

비교문에서 비교의 정도를 나타낼 때 형용사 앞에 부사 '更', '还'를 써서 '더욱 ~하다'의 뜻을 나타내거나, 형용사 뒤에 '一些', '一点儿'를 써서 '좀 ~하다'의 비교의 차이를 나타냅니다.

这个比那个更便宜。　　　이것은 저것보다 더 저렴합니다.
Zhège bǐ nàge gèng piányi.

首尔比北京凉快一些。　　　서울이 베이징보다 좀 시원합니다.
Shǒu'ěr bǐ Běijīng liángkuai yìxiē.

> **WORD**　便宜 piányi 형 저렴하다

연습 문제

1 녹음의 대화를 듣고 알맞은 사진을 고르세요. 09-08

보기

A

B

20 MINUTES

1) _____

2) _____

2 녹음을 듣고 제시된 문장과 일치하면 O, 다르면 X를 표시하세요. 09-09

1) 北京慢一个小时。 _____

2) 飞机还没有完全停稳。 _____

3) 首尔比北京凉快一些。 _____

3 〈보기〉에서 알맞은 답을 골라 문장을 완성하세요.

보기

大概　　是否　　完全

1) 请再次确认_____系好安全带。

2) 飞机还没有_____停稳，请您坐好。

3) 飞机_____几分钟后到仁川机场？

제시된 단어를 바르게 배열하여 문장을 완성하세요.

1) 下降　　飞机　　了　　开始

_____。

2) 快　　安全带　　吧　　系上

_____。

3) 我们　　乘坐　　的　　航班　　感谢　　您

_____。

제시된 단어를 사용하여 문장을 만들어 보세요.

그림을 보고 제시된 단어를 사용하여 문장을 만들어 보세요.

1)

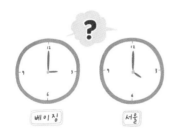

时差

_____

2)

飞机还在滑行

_____

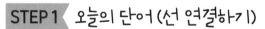

읽고 써 보며 재확인하기

STEP 1 오늘의 단어 (선 연결하기)

广播 •   • airport •   • 공항

机场 •   • descend •   • 방송

下降 •   • broadcast •   • 하강하다

STEP 2 오늘의 회화 (빈칸 채우기)

A 北京和首尔的时差是几个小时?

Běijīng hé Shǒu'ěr de _____ shì jǐ ge xiǎoshí?

B 北京慢一个小时。
Běijīng màn yí ge xiǎoshí.

A 那我调一下手表。

Nà wǒ _____ yíxià shǒubiǎo.

Hint!

A 베이징과 서울의 시차는 몇 시간입니까?
B 베이징이 한 시간 늦습니다.
A 그럼 시계를 맞춰야겠어요.

STEP 3 오늘의 작문 (빈칸 채우기)

A 飞机还在 _____ ，请保持安全带系好。

Fēijī hái zài huáxíng, qǐng bǎochí ānquándài jìhǎo.

B 我的行李在那边，我想拿。
Wǒ de xíngli zài nàbian, wǒ xiǎng ná.

A 飞机 _____ 完全停稳，请您坐好。

Fēijī hái méiyǒu wánquán tíngwěn, qǐng nín zuòhǎo.

(일행인 승객2가 승객1에게)
C 你别急！快系上安全带吧。
Nǐ bié jí! Kuài jìshàng ānquándài ba.

Hint!

A 비행기가 아직 활주(택싱) 중이니 좌석벨트를 계속 하고 계십시오.
B 제 짐이 저쪽에 있어서, 꺼내야겠어요.
A 비행기가 아직 완전히 멈추지 않았으니 앉아 주십시오.
(일행인 승객2가 승객1에게)
C 서두르지 마! 어서 좌석벨트 매.

간체자 쓰기

획순	一 ナ 大	十 才 术 机 机 机 杞 杞 根 桉 桉 概
大概	大　概	
dàgài	dàgài	
대략		

획순	完完完完完完完	全 入 全 全 全 全
完全	完　全	
wánquán	wánquán	
완전히		

획순	广 广 广	十 才 扩 打 扩 护 护 拃 拃 播 播 播 播
广播	广　播	
guǎngbō	guǎngbō	
방송		

획순	氵 氵 广 广 浐 凉 凉 凉 凉	忄 忄 快 忄 忄 快 快
凉快	凉　快	
liángkuai	liángkuai	
서늘하다, 시원하다		

획순	厂 厂 厂 厂 厂 咸 咸 咸 感 感 感	讠 讠 讠 讠 讠 讠 讠 讠 谢 谢
感谢	感　谢	
gǎnxiè	gǎnxiè	
감사하다		

10

수하물 안내

•••• **학습 목표 |** 수하물 수취와 분실 안내 업무에 필요한 표현을 할 수 있다.

•••• **학습 내용 |** ☐ 접속사 但(是) ☐ 가능보어 找不到 ☐ 부사 也许

☐ 조동사 会

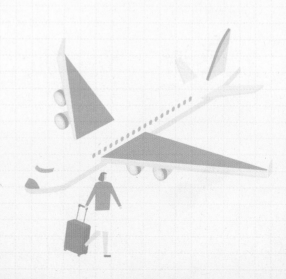

수하물 찾는 방법

목적지에 도착한 승객은 해당 국가 입국 심사를 위하여 입국 심사대를 통과하게 됩니다. 입국 심사를 마치고 나오면 전면 전광판에 도착 항공편과 함께 수하물 수취대 번호가 표시됩니다. 번호를 확인한 후에 지정된 수하물 수취대로 이동하여 짐을 찾으면 됩니다. 대형 수하물의 경우 일반 수하물과 다르게 별도로 운영됩니다.

수하물을 찾을 때는 본인의 수하물과 타인의 수하물이 바뀌지 않도록 주의해야 합니다. 가방에 부착된 수하물표가 자신이 소지한 것과 일치하는지 확인하면 이러한 사고를 방지할 수 있습니다. 하지만 종종 다른 승객의 수하물을 가져가는 경우가 발생하는데 이런 경우를 크로스 픽업(Cross Pick-up)이라고 합니다.

도착 공항에서 수하물을 받지 못했을 경우에는 바로 수하물 접수 센터에 신고해야 합니다. 항공사에서 부착한 수하물표가 분실되거나 훼손되어 가방이 분실되는 경우 바로 받지 못할 수도 있습니다. 분실 신고서에 가방의 상표, 내용물, 연락처 등을 작성하여 신고한 후 수하물 위치가 확인되면 신고서에 적힌 주소로 수하물을 받을 수 있습니다.

1) 공항에서 수하물을 찾기 위해 입국 심사 후 무엇을 확인해야 하나요?
2) 착각하여 다른 승객의 수하물을 가져가는 경우를 무엇이라고 하나요?
3) 도착 공항에서 수하물을 받지 못하는 경우 어디로 가야 하나요?

Quiz

단어

 회화 1

따라 쓰기 ✏️

 10-01

哪儿 nǎr 데 어디

取 qǔ 동 가지다, 찾다

哪个 nǎge 데 어느 (것), 어떤

从 cóng 개 ~로부터, ~을 기점으로

出发 chūfā 동 출발하다

📢 提取处 tíqǔchù 명 수취대

号 hào 명 번호

但 dàn 접 그러나, 그렇지만

全部 quánbù 부 전부

出来 chūlai 동 나오다

洗手间 xǐshǒujiān 명 화장실

 회화 2

 10-02

找不到 zhǎo bu dào 찾을 수 없다

怎么办 zěnme bàn 어떻게 하나

着急 zháojí 동 조급해하다

📢 行李票 xínglipiào 명 수하물표, 짐표

手提箱 shǒutíxiāng 명 캐리어, 여행 가방

标签 biāoqiān 명 태그

📢 地址 dìzhǐ 명 주소

电话 diànhuà 명 전화

也许 yěxǔ 부 어쩌면, 아마, 아마도

别人 biéren 명 다른 사람

错 cuò 형 틀리다, 맞지 않다

会 huì 조동 ~할 것이다

过去 guòqu 동 동사 뒤에서 사람이나 사물이 동작에
따라 다른 곳으로 움직이는 것을 나타냄

找得到 zhǎo de dào 찾을 수 있다

尽力 jìnlì 동 힘을 다하다

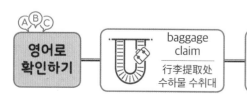

영어로 확인하기

baggage claim
行李提取处 수하물 수취대

baggage tag
行李票 수하물표

address
地址 주소

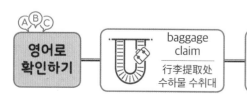

그림 보고 말하기

제시된 그림을 보고 질문에 답하세요.

보기

DY5804	6号	登机牌和行李票
DY wǔ bā líng sì	liù hào	dēngjīpái hé xínglipiào

1. 她乘坐的是哪个航班?　그녀는 어느 항공편을 탔나요?
   Tā chéngzuò de shì nǎge hángbān?

2. DY5804次航班的行李提取处在几号?　DY5804편의 수하물 수취대는 몇 번인가요?
   DY wǔ bā líng sì cì hángbān de xíngli tíqǔchù zài jǐ hào?

3. 地勤人员要看什么?　지상직원은 무엇을 보려고 하나요?
   Dìqín rényuán yào kàn shénme?

🗨 수하물 수취

🎧 10-03

旅客　　请问，在哪儿取行李？
Qǐngwèn, zài nǎr qǔ xíngli?

地勤人员　您乘坐的是哪个航班？
Nín chéngzuò de shì nǎge hángbān?

旅客　　是从北京出发的DY5804。
Shì cóng Běijīng chūfā de DY wǔ bā líng sì.

地勤人员　DY5804次航班的行李提取处在6号。
DY wǔ bā líng sì cì hángbān de xíngli tíqǔchù zài liù hào.

旅客　　是吗？但❶好像没几件行李。
Shì ma? Dàn hǎoxiàng méi jǐ jiàn xíngli.

地勤人员　是的。行李还没有全部出来。请您等一下。
Shì de.　Xíngli hái méiyǒu quánbù chūlai. Qǐng nín děng yíxià.

旅客　　那我去一下洗手间，再取行李吧。
Nà wǒ qù yíxià xǐshǒujiān,　zài qǔ xíngli ba.

Baggage claim

G Ground Crew　P Passenger

P　Excuse me, where do I get my baggage?
G　May I have your flight number?
P　DY5804 from Beijing.
G　You can pick up your baggage at the baggage claim No. 6.
P　Yeah? But there were few baggage.
G　Yes. The baggage hasn't come out. Please wait a minute.
P　Then I'll go to the restroom and take my baggage.

회화 2

 수하물 분실 🎧 10-04

地勤人员 **有什么需要帮忙的吗?**
Yǒu shénme xūyào bāngmáng de ma?

旅客 **我找不到❷我的行李了，怎么办?**
Wǒ zhǎo bu dào wǒ de xíngli le, zěnme bàn?

地勤人员 **别着急! 看一下您的登机牌和行李票。**
Bié zháojí! Kàn yíxià nín de dēngjīpái hé xínglipiào.

旅客 **在这儿。手提箱的行李标签上有我的地址和电话。**
Zài zhèr. Shǒutíxiāng de xíngli biāoqiān shang yǒu wǒ de dìzhǐ hé diànhuà.

地勤人员 **也许❸别人拿错了。我们找到后会❹给您送过去的。**
Yěxǔ biéren nácuò le. Wǒmen zhǎodào hòu huì gěi nín sòng guòqu de.

旅客 **能找得到吧?**
Néng zhǎo de dào ba?

地勤人员 **我们会尽力的。**
Wǒmen huì jìnlì de.

Lost baggage

G Ground Crew P Passenger

G Can I help you?
P I can't find my baggage. What should I do?
G Don't worry! Please show me your boarding pass and baggage tag.
P Here. There's my address and phone number on the baggage label.
G Maybe someone else is mistaken. We'll send you over when we find it.
P Can you find it?
G We'll do our best.

도착 안내

各位乘客: 　　🎧 10-05
Gèwèi chéngkè:

飞机刚抵达仁川国际机场。请不要解开安全带。
Fēijī gāng dǐdá Rénchuān guójì jīchǎng. Qǐng bú yào jiěkāi ānquándài.

飞机停稳后，打开行李架时请小心，以免行李滑落。
Fēijī tíngwěn hòu, dǎkāi xínglijià shí qǐng xiǎoxīn, yǐmiǎn xíngli huáluò.

下机后您可以在6号行李提取处提取行李。谢谢您的合作。
Xiàjī hòu nín kěyǐ zài liù hào xíngli tíqǔchù tíqǔ xíngli. Xièxie nín de hézuò.

▶ 단어

刚 gāng 🈺 지금, 막 | 抵达 dǐdá 🈺 도착하다 | 解开 jiěkāi 🈺 풀다 | 以免 yǐmiǎn 🈺 ~하지 않도록 | 滑落 huáluò 🈺 미끄러져 떨어지다 | 下机 xiàjī 🈺 하기하다 | 合作 hézuò 🈺 협력하다

손님 여러분께 안내 말씀 드리겠습니다.

비행기가 방금 인천국제공항에 도착했습니다. 좌석벨트를 풀지 마시고, 비행기가 완전히 멈춘 후 선반을 여실 때 짐이 떨어지지 않도록 조심하십시오.

비행기에서 내리신 후 6번 수하물 수취대에서 짐을 찾으실 수 있습니다. 협조해 주셔서 감사합니다.

Ladies and gentlemen, may I have your attention please:
We have landed at Incheon international airport.
For your safety, please remain seated until the captain has turns off the seat belt sign.
Also, please be careful when opening the overhead bins as the contents may fall out.
After you get off the plane, you can pick up your baggage at the baggage claim No. 6.
Thank you.

실력 향상 회화

 반입 금지 품목 안내

STEP 1

다음 단어와 대화를 듣고 따라 읽으며 암기해 보세요.

🎧 10-06

☑ 哎哟 āiyō

☐ 前边 qiánbian

☐ 贴 tiē

☐ 接受 jiēshòu

☐ 着 zhe

☐ 检查 jiǎnchá

☐ 黄色 huángsè

☐ 出 chū

☐ 警报器 jǐngbàoqì

☐ 生核桃 shēnghétao

☐ 麻烦 máfan

☐ 过关 guòguān

🎧 10-07

旅客 **哎哟!**
Āiyō!
我的行李怎么贴着黄色警报器呢?
Wǒ de xíngli zěnme tiēzhe huángsè jǐngbàoqì ne?

地勤人员 **麻烦您到前边接受一下行李检查。**
Máfan nín dào qiánbian jiēshòu yíxià xíngli jiǎnchá.

旅客 **是什么东西出问题了?**
Shì shénme dōngxi chū wèntí le?

海关人员 **请打开您的手提箱。**
Qǐng dǎkāi nín de shǒutíxiāng.
您带的生核桃是不能过关的。
Nín dài de shēnghétao shì bù néng guòguān de.

STEP 2

STEP 1을 가린 후 중국어로 말하고 써 보세요.

감 어머나!

명 앞, 앞쪽

동 붙이다

동 받다

조 ~해 있다

명 검사, 점검

명 노란색

동 발생하다

명 경보기

명 생호두

동 번거롭게 하다

동 세관을 통과하다

여객 어머!
제 짐에 왜 노란색 경보기가 붙어 있죠?

지상직원 앞으로 가서 짐 검사를 받으셔야 합니다.

여객 어떤 물건이 문제죠?

세관원 가방을 열어 주세요.
가지고 오신 생호두는 세관을 통과할 수 없습니다.

어법

1. 접속사 但(是)

'但'은 전환을 나타내는 접속사로 우리말의 '그러나', '그렇지만'에 해당합니다. 앞에 진술된 상황과 다른 상황이 전개되는 역접 관계를 나타내며, 주로 '虽然', '尽管' 등과 호응하여 쓰이고, '是'는 생략 가능합니다.

但好像没几件行李。　　　그런데 짐이 몇 개 없는 것 같아요.
Dàn hǎoxiàng méi jǐ jiàn xíngli.

您的机票预订在一个月后, 但可以变更。　　　당신의 항공권 예약은 한 달 후지만 변경할 수 있습니다.
Nín de jīpiào yùdìng zài yí ge yuè hòu, dàn kěyǐ biàngēng.

虽然路很远, 但我们都很快乐。　　　비록 길은 멀지만 우리는 모두 즐겁습니다.
Suīrán lù hěn yuǎn, dàn wǒmen dōu hěn kuàilè.

> **WORD** 变更 biàngēng 통 변경하다 | 路 lù 명 길 |
> 远 yuǎn 형 멀다 | 快乐 kuàilè 형 즐겁다

2. 가능보어 找不到

가능보어는 '동사 + 得/不 + 결과·방향보어'의 형태로 어떤 동작의 달성이나 도달 가능성 여부를 나타냅니다. 긍정형은 '~할 수 있다', 부정형은 '~할 수 없다'로 해석합니다.

我找不到我的行李了, 怎么办?　　　제 짐을 못 찾겠어요. 어떻게 하죠?
Wǒ zhǎo bu dào wǒ de xíngli le, zěnme bàn?

你能听得懂我说的话吗?　　　당신은 제가 하는 말을 알아들을 수 있습니까?
Nǐ néng tīng de dǒng wǒ shuō de huà ma?

这个汉字太难了, 我记不清楚。　　　이 한자는 너무 어려워서 잘 기억하지 못하겠어요.
Zhège Hànzì tài nán le, wǒ jì bu qīngchu.

> **WORD** 听得懂 tīng de dǒng 알아들을 수 있다 | 话 huà 명 말 | 汉字 Hànzì 명 한자 |
> 难 nán 형 어렵다 | 记不清楚 jì bu qīngchu 잘 기억하지 못하다

3. 부사 也许

'也许'는 동사나 형용사 앞에 쓰여 추측이나 짐작을 하여 확실히 단정하지 못함을 나타냅니다. 우리말의 '아마도', '어쩌면'에 해당합니다.

也许别人拿错了。　　아마도 다른 사람이 잘못 가져간 것 같습니다.
Yěxǔ biéren nácuò le.

今天也许会下雨。　　오늘 어쩌면 비가 올지도 몰라요.
Jīntiān yěxǔ huì xià yǔ.

晚上有时间的话, 也许可以去夜市逛逛。　　저녁에 시간이 있으면 어쩌면 야시장 구경을 할 수도 있어요.
Wǎnshang yǒu shíjiān dehuà, yěxǔ kěyǐ qù yèshì guàngguang.

> **WORD**　下雨 xià yǔ 비가 내리다 | 晚上 wǎnshang 몡 저녁 |
> 夜市 yèshì 몡 야시장 | 逛 guàng 동 구경하다

4. 조동사 会

'会'는 동사 앞에 놓여 아직 발생하지 않은 어떤 사실에 대한 추측이나 가능성을 나타냅니다. 우리말의 '~일 것이다', '~할 가능성이 있다'에 해당합니다.

我们找到后会给您送过去的。　　저희가 찾은 후에 당신에게 보내 드리겠습니다.
Wǒmen zhǎodào hòu huì gěi nín sòng guòqu de.

你的梦想一定会实现的。　　당신의 꿈은 반드시 실현될 것입니다.
Nǐ de mèngxiǎng yídìng huì shíxiàn de.

> **WORD**　梦想 mèngxiǎng 몡 꿈 | 一定 yídìng 부 반드시 | 实现 shíxiàn 동 실현되다

부정형은 동사 앞이 아닌 조동사 '会' 앞에 '不'를 씁니다.

他不会来的。　　그는 오지 않을 것입니다.
Tā bú huì lái de.

조동사 '会'는 학습이나 훈련을 통해 '~할 수 있다', '~할 줄 안다'의 의미로도 사용합니다.

我会说汉语。　　저는 중국어를 할 수 있습니다.
Wǒ huì shuō Hànyǔ.

你会开车吗?　　당신은 운전할 줄 아세요?
Nǐ huì kāichē ma?

연습 문제

1 녹음의 대화를 듣고 알맞은 사진을 고르세요.

보기

A

B

FROM: BEIJING   TO: INCHEON

FLIGHT: DY5804

1) _____

2) _____

2 녹음을 듣고 제시된 문장과 일치하면 O, 다르면 X를 표시하세요.

🎧 10-09

1) 行李还没有全部出来。　　_____

2) 那我去一下洗手间，再取行李吧。　_____

3) 我们找到后会给您送过去的。　_____

3 〈보기〉에서 알맞은 답을 골라 문장을 완성하세요.

보기

请问　　行李票　　会

1) _____，在哪儿取行李？

2) 我们_____尽力的。

3) 看一下您的登机牌和_____。

제시된 단어를 바르게 배열하여 문장을 완성하세요.

1) 行李　　好像　　但　　没　　几　　件

_____。

2) 拿　　别人　　也许　　了　　错

_____。

3) 什么　　帮忙　　有　　需要　　吗　　的

_____？

그림을 보고 제시된 단어를 사용하여 문장을 만들어 보세요.

1)

行李提取处

_____

2)

行李标签

_____

읽고 써 보며 재확인하기

STEP 1 오늘의 단어 (선 연결하기)

地址	•	•	baggage claim	•	•	수하물표
行李提取处	•	•	address	•	•	주소
行李票	•	•	baggage tag	•	•	수하물 수취대

STEP 2 오늘의 회화 (빈칸 채우기)

A 请问，在哪儿取行李？

    Qǐngwèn, zài nǎr _____ xíngli?

Hint!

A 실례합니다. 어디서 짐을 찾아야 하나요?
B 어느 항공편을 타고 오셨습니까?
A 베이징에서 출발한 DY5804입니다.
B DY5804편의 수하물 수취대는 6번입니다.

B 您乘坐的是哪个航班？
    Nín chéngzuò de shì nǎge hángbān?

A 是从北京出发的DY5804。
    Shì cóng Běijīng chūfā de DY wǔ bā líng sì.

B DY5804次航班的行李提取处在6号。

    DY wǔ bā líng sì cì hángbān de _____ zài liù hào.

STEP 3 오늘의 작문 (빈칸 채우기)

A 有什么需要 _____ 的吗？

    Yǒu shénme xūyào bāngmáng de ma?

Hint!

A 무엇을 도와드릴까요?
B 제 짐을 못 찾겠어요. 어떻게 하죠?
A 걱정하지 마십시오! 탑승권과 수하물표를 보여 주십시오.
B 여기요. 캐리어 네임 태그에 제 주소와 전화번호가 적혀 있어요.

B 我找不到我的行李了，怎么办？
    Wǒ zhǎo bu dào wǒ de xíngli le, zěnme bàn?

A 别着急！看一下您的登机牌和 _____ 。

    Bié zháojí! Kàn yíxià nín de dēngjīpái hé xínglipiào.

B 在这儿。手提箱的行李标签上有我的地址和电话。
    Zài zhèr. Shǒutíxiāng de xíngli biāoqiān shang yǒu wǒ de dìzhǐ hé diànhuà.

간체자 쓰기

획순	凵 屮 屮 出 出		乂 步 发 发 发	
出发	出	发		
chūfā	chūfā			
출발하다				

획순	人 人 今 今 全 全		部 部 部 部 部 部 部 部 部	
全部	全	部		
quánbù	quánbù			
전부				

획순	标 标 标 标 标 标 标 标 标		签 签 签 签 签 签 签 签 签 签 签 签	
标签	标	签		
biāoqiān	biāoqiān			
태그				

획순	地 地 地 地 地 地		址 址 址 址 址 址 址	
地址	地	址		
dìzhǐ	dìzhǐ			
주소				

획순	尺 尺 尺 尺 尽 尽		丁 力	
尽力	尽	力		
jìnlì	jìnlì			
힘을 다하다				

11
환승 안내

•••• **학습 목표 |** 환승 안내 업무에 필요한 표현을 할 수 있다.

•••• **학습 내용 |** ☐ 개사 往 ☐ 对吗? ☐ 개사 按 ☐ 동사 祝

항공 상식과 Quiz

환승과 경유의 차이점

공항의 환승률이란 전체 승객에서 환승객이 차지하는 비율로, 허브공항으로서의 경쟁력을 나타내는 중요한 지표입니다. 높은 환승률을 자랑하는 대표적인 공항으로는 아랍에미리트 두바이국제공항, 독일 프랑크푸르트국제공항, 네덜란드 스키폴국제공항, 싱가포르 창이국제공항 등이 있습니다. 인천국제공항 또한 제2여객터미널 개장을 통해 여객 수용 능력을 높이는 등 동북아를 대표하는 허브공항으로서의 명성을 이어가고 있습니다.

환승과 자주 혼동되는 용어로 경유가 있습니다. 항공사 직원은 환승하는 승객과 경유하는 승객에게 환승과 경유 절차를 정확하게 안내해야 하므로 자세히 알아봅시다.

환승(Transfer)이란? 중간 경유지에서 기존 항공기에서 내린 후 다른 항공기로 갈아타는 것을 말하며, 보안 검색을 다시 받아야 합니다. 출발지에서 목적지까지 직항 노선이 없는 경우와 직항에 비해 저렴한 경우 승객은 환승 비행을 이용합니다. 만약, 다른 항공기로 갈아타는 과정에서 공항 터미널의 위치가 다르다면 공항에 따라 출입국심사를 거쳐야 하는 경우가 발생할 수 있으니, 사전에 항공사에 문의하여 절차를 확인하여야 합니다.

경유(Transit)란? 중간 경유지에서 잠시 내려 동일한 항공기를 다시 탑승하는 것을 말합니다. 항공기의 유지 보수를 위해 기내 클리닝 및 급유를 하는 동안 승객은 대기하게 되며, 유지 보수가 끝나면 동일한 항공기로 재탑승을 하게 됩니다. 중간 경유지에서 내리지 않고 기내에 머물러 있다가 새로운 승객만 추가로 탑승하는 경우도 있습니다. 경유하는 경우 위탁 수하물은 찾지 않으며 기내 휴대 수하물만 들고 내리면 됩니다. 항공기에서 내릴 경우 직원들이 Transit 카드를 나누어 주며, 탑승 시 해당 카드는 반납합니다.

Quiz

1) 중간 경유지에서 내려 동일한 항공기를 다시 탑승하는 것은 무엇인가요?
2) 중간 경유지에서 다른 항공기로 갈아타는 것은 무엇인가요?

단어

회화 1

따라 쓰기 ✏️   🎧 11-01

转机 zhuǎnjī 동 비행기를 갈아타다

往 wǎng 개 ~쪽으로, ~(을) 향해

国内线 guónèixiàn 명 국내선

对 duì 형 맞다, 옳다

釜山 Fǔshān 명 부산

按 àn 개 ~에 따라서, ~대로

指示牌 zhǐshìpái 명 표지판

离 lí 개 ~에서, ~로부터

休息 xiūxi 명동 휴식(하다)

楼 lóu 명 층

酒店 jiǔdiàn 명 호텔

淋浴间 línyùjiān 명 샤워실

咖啡厅 kāfēitīng 명 카페

회화 2

🎧 11-02

纽约 Niǔyuē 명 뉴욕

办 bàn 동 (일 따위를) 하다, 처리하다

国际线 guójìxiàn 명 국제선

不用 búyòng 동 ~할 필요가 없다

登机口 dēngjīkǒu 명 탑승구, 게이트

过 guò 동 지나다

中转 zhōngzhuǎn 동 도중에 갈아타다

显示屏 xiǎnshìpíng 명 전광판, 스크린

祝 zhù 동 기원하다, 바라다, 축복하다

旅途 lǚtú 명 여정, 여행길

愉快 yúkuài 형 즐겁다, 유쾌하다

영어로 확인하기	 transfer / 转机 / 비행기를 갈아타다	international flight / 国际线 국제선	gate / 登机口 탑승구

그림 보고 말하기

제시된 그림을 보고 질문에 답하세요.

 보기

转机	釜山	休息的地方
zhuǎnjī	Fǔshān	xiūxi de dìfang

1. 他现在要做什么? 　그는 지금 무엇을 하려고 하나요?
   Tā xiànzài yào zuò shénme?

2. 他换乘国内线到什么地方? 　그는 국내선으로 환승해서 어디에 가나요?
   Tā huànchéng guónèixiàn dào shénme dìfang?

3. 他在找什么地方? 　그는 무슨 장소를 찾고 있나요?
   Tā zài zhǎo shénme dìfang?

회화 1

📖 국제선에서 국내선 환승(부산행 내항기 탑승 경우) 🎧 11-03

旅客
我要转机。请问，往❶哪儿走？
Wǒ yào zhuǎnjī. Qǐngwèn, wǎng nǎr zǒu?

地勤人员
我看一下您的登机牌。您是换乘国内线，对吗❷？
Wǒ kàn yíxià nín de dēngjīpái. Nín shì huànchéng guónèixiàn, duì ma?

旅客
是的。我要换乘到釜山。
Shì de. Wǒ yào huànchéng dào Fǔshān.

地勤人员
那您按❸转机指示牌走就可以。
Nà nín àn zhuǎnjī zhǐshìpái zǒu jiù kěyǐ.

旅客
离转机还有三个小时，有可以休息的地方吗？
Lí zhuǎnjī hái yǒu sān ge xiǎoshí, yǒu kěyǐ xiūxi de dìfang ma?

地勤人员
4楼有休息室、换乘酒店、淋浴间和咖啡厅。
Sì lóu yǒu xiūxishì、huànchéng jiǔdiàn、línyùjiān hé kāfēitīng.

旅客
谢谢。
Xièxie.

Transfer(International flight→Domestic flight) G Ground Crew P Passenger

P   I'd like to transfer. Could you please tell me where to go?
G   Let me check your boarding pass. You're going to transfer to the domestic flights, aren't you?
P   Yes. I want to transfer to Busan.
G   You can follow the transfer sign.
P   There are three hours left until transfer. Is there any place where I can rest?
G   There are louge, transit hotel, shower room, and coffee shop on the 4th floor.
P   Thank you.

회화 2

 국제선에서 국제선 환승 11-04

旅客　　**我要换乘到纽约，要办入境手续吗？**
　　　　Wǒ yào huànchéng dào Niǔyuē, yào bàn rùjìng shǒuxù ma?

地勤人员　**国际线换乘，不用办理入境手续。**
　　　　Guójìxiàn huànchéng, búyòng bànlǐ rùjìng shǒuxù.

旅客　　**我不知道换乘登机口号。**
　　　　Wǒ bù zhīdào huànchéng dēngjīkǒu hào.

地勤人员　**您过中转安检后，可以在航班显示屏上确认。**
　　　　Nín guò zhōngzhuǎn ānjiǎn hòu, kěyǐ zài hángbān xiǎnshìpíng shang quèrèn.

旅客　　**知道了。谢谢你。**
　　　　Zhīdào le.　Xièxie nǐ.

地勤人员　**祝❹您旅途愉快。**
　　　　Zhù nín lǚtú yúkuài.

Transfer(International flight→International flight)　G Ground Crew　P Passenger

P　I'd like to transfer to New York, please. Shall I go through immigration procedure?
G　The international transfer is not to be checked for immigration procedure.
P　I don't know how to transfer the boarding gate.
G　After you pass transfer security check you can confirm the flight display on the flight display.
P　Yes. Thank you.
G　Have a nice trip.

환승 승객 안내

换乘的乘客请注意: 11-05
Huànchéng de chéngkè qǐng zhùyì:

到达后需要换乘连接航班的乘客，
Dàodá hòu xūyào huànchéng liánjiē hángbān de chéngkè,

请前往机场候机室办理登机手续。
qǐng qiánwǎng jīchǎng hòujīshì bànlǐ dēngjī shǒuxù.

更多详情请咨询机场服务人员。谢谢。
Gèng duō xiángqíng qǐng zīxún jīchǎng fúwù rényuán. Xièxie.

 단어

连接 liánjiē 동 연결하다 | 更 gèng 부 더욱, 보다 더 | 详情 xiángqíng 명 자세한 상황 | 咨询 zīxún 동 자문하다

 손님 여러분께 안내 말씀 드립니다.
도착 후 연결편으로 환승하시는 승객께서는 공항 대기 장소로 이동하여 탑승 수속을 받으시길 바랍니다.
보다 자세한 사항은 공항 서비스 직원에게 문의하시기 바랍니다. 감사합니다.

 Ladies and gentlemen, may I have your attention please.
The transfer passengers please go to the connection flight counter in the waiting hall.
For more information, please contact the airport service representative. Thank you.

실력 향상 회화

 환승 시간이 짧은 승객 안내

STEP 1

다음 단어와 대화를 듣고 따라 읽으며 암기해 보세요.

🎧 11-06

- ☑ 晚点 wǎndiǎn
- ☐ 来得及 láidejí
- ☐ 只 zhǐ
- ☐ 剩 shèng
- ☐ 伦敦 Lúndūn
- ☐ 幸亏 xìngkuī
- ☐ 职员 zhíyuán
- ☐ 引路 yǐnlù
- ☐ 安心 ānxīn

STEP 2

STEP 1을 가린 후 중국어로 말하고 써 보세요.

- 통 연착하다, 늦다
- 통 늦지 않다
- 부 단지, 다만
- 통 남다
- 명 런던
- 부 다행히
- 명 직원
- 통 길을 안내하다
- 통 안심하다

🎧 11-07

旅客1　我们的飞机晚点了。来得及换乘吗?
Wǒmen de fēijī wǎndiǎn le. Láidejí huànchéng ma?

旅客2　是啊!
Shì a!
离换乘时间只剩一个小时，怎么办?
Lí huànchéng shíjiān zhǐ shèng yí ge xiǎoshí, zěnme bàn?

地勤人员　转机到伦敦的乘客，请往这边走。
Zhuǎnjī dào Lúndūn de chéngkè, qǐng wǎng zhèbian zǒu.

旅客1　幸亏有职员帮我们引路，就安心了。
Xìngkuī yǒu zhíyuán bāng wǒmen yǐnlù, jiù ānxīn le.

여객1　우리 비행기가 연착했어. 늦지 않게 갈아탈 수 있을까?

여객2　그러네!
환승할 시간이 한 시간밖에 안 남았는데 어떻게 하지?

지상직원　런던으로 환승하시는 승객은 이쪽으로 가십시오.

여객1　다행히 길을 안내해 주는 직원이 있어서 안심이에요.

어법

1. 개사 往

'往'은 '~쪽으로', '~로(향하여)'의 뜻으로, 동작의 방향을 표현할 때 사용합니다. '往 + 방위사 + 동사'의 형식으로 쓰이며, 우리말의 '~(으)로 ~하다'에 해당합니다.

我要转机。请问，往哪儿走?　　　저는 비행기를 갈아타야 하는데 실례지만 어디로 가죠?
Wǒ yào zhuǎnjī. Qǐngwèn, wǎng nǎr zǒu?

登机口，一直往前走就到了。　　　탑승구는 앞으로 곧장 가시면 도착합니다.
Dēngjīkǒu, yìzhí wǎng qián zǒu jiù dào le.

往前走100米就有洗手间。　　　앞으로 100미터 가면 화장실이 있어요.
Wǎng qián zǒu yìbǎi mǐ jiù yǒu xǐshǒujiān.

> **WORD**　一直 yìzhí 🗒 곧바로, 쭉 | 米 mǐ 🗒 미터

2. 对吗?

'对吗?'는 어떠한 사실을 제시한 후 그 사실 여부를 확인하는 표현으로 주로 문장 끝에 위치합니다.

您是换乘国内线，对吗?　　　국내선으로 갈아타시는 것 맞습니까?
Nín shì huànchéng guónèixiàn, duì ma?

你们是一行，对吗?　　　당신들은 일행이 맞습니까?
Nǐmen shì yìxíng, duì ma?

每人只能带一瓶，对吗?　　　한 명당 한 병씩만 가져올 수 있는 것 맞습니까?
Měi rén zhǐ néng dài yì píng, duì ma?

> **WORD**　一行 yìxíng 🗒 일행 | 瓶 píng 🗒 병

3. 개사 按

'按'은 수단과 방식을 나타내는 개사로 어떤 동작이나 행위 시 따라야 하는 규칙이나 근거를 제시할 때 사용합니다. '按 + 방식 + 동사'의 형식으로 쓰이며, 우리말의 '~에 따라(근거하여) ~하다'에 해당합니다. '按' 대신 '按照' 또는 '照'로 쓰기도 합니다.

那您按转机指示牌走就可以。　　　그럼 환승 안내판을 따라가시면 됩니다.
Nà nín àn zhuǎnjī zhǐshìpái zǒu jiù kěyǐ.

飞机按照航空路线行驶。　　　비행기는 항공 노선에 따라 운행합니다.
Fēijī ànzhào hángkōng lùxiàn xíngshǐ.

我们照计划准备吧。　　　우리 계획대로 준비합시다.
Wǒmen zhào jìhuà zhǔnbèi ba.

> **WORD**　航空 hángkōng 몡 항공 | 路线 lùxiàn 몡 노선 |
> 行驶 xíngshǐ 동 운행하다 | 计划 jìhuà 몡 계획

4. 동사 祝

'祝'는 '축하하다'라는 뜻과 더불어 '~하기 바랍니다', '~을 기원합니다'의 의미가 있습니다. 주로 상대방의 평안, 행운, 건강, 사업 등에 대해 기원, 축복, 축하를 할 때 쓰는 표현입니다.

祝您旅途愉快。　　　즐거운 여행 되십시오.
Zhù nín lǚtú yúkuài.

祝您一路顺风！　　　가시는 길이 순조롭기를 바랍니다!
Zhù nín yílù shùnfēng!

祝您生日快乐！　　　생일을 축하합니다!
Zhù nǐ shēngrì kuàilè!

> **WORD**　一路顺风 yílù shùnfēng 가는 길이 순조롭기를 바라다 | 生日 shēngrì 몡 생일

1 녹음의 대화를 듣고 알맞은 사진을 고르세요. 🎧 11-08

보기

A

B

1) _____   2) _____

2 녹음을 듣고 제시된 문장과 일치하면 O, 다르면 X를 표시하세요. 🎧 11-09

1) 我要转机。请问，往哪儿走?   _____

2) 我要换乘到纽约。   _____

3) 离转机还有三个小时。   _____

3 〈보기〉에서 알맞은 답을 골라 문장을 완성하세요.

보기

祝　　按　　对吗

1) 那您_____转机指示牌走就可以。

2) 您是换乘国内线，_____?

3) _____您旅途愉快。

제시된 단어를 바르게 배열하여 문장을 완성하세요.

1) 我　　登机牌　　一下　　看　　您的

_____。

2) 办理　　手续　　不用　　入境

_____。

3) 不知道　　我　　登机口　　换乘　　号

_____。

 그림을 보고 제시된 단어를 사용하여 문장을 만들어 보세요.

1)

转机

_____

2)

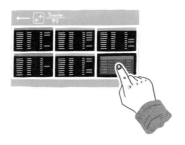

航班显示屏

_____

읽고 써 보며 재확인하기

STEP 1 오늘의 단어 (선 연결하기)

转机	•	•	international flight	•	• 비행기를 갈아타다
国际线	•	•	transfer	•	탑승구
登机口	•	•	gate	•	국제선

STEP 2 오늘의 회화 (빈칸 채우기)

A 我要转机。请问，往哪儿走？

Wǒ yào _____. Qǐngwèn, wǎng nǎr zǒu?

B 我看一下您的登机牌。 您是换乘国内线，对吗？
Wǒ kàn yíxià nín de dēngjīpái. Nín shì huànchéng guónèixiàn, duì ma?

A 是的。我要换乘到釜山。
Shì de. Wǒ yào huànchéng dào Fǔshān.

B 那您按转机指示牌走就可以。

Nà nín àn zhuǎnjī _____ zǒu jiù kěyǐ.

Hint!

A 저는 비행기를 갈아타야 하는데, 실례지만 어디로 가죠?
B 탑승권 좀 보여 주십시오. 국내선으로 갈아타시는 것 맞습니까?
A 네, 환승해서 부산에 갑니다.
B 그럼 환승 안내판을 따라가시면 됩니다.

STEP 3 오늘의 작문 (빈칸 채우기)

A 我要 _____ 到纽约，要办入境手续吗？

Wǒ yào huànchéng dào Niǔyuē, yào bàn rùjìng shǒuxù ma?

B 国际线换乘，不用 _____ 入境手续。

Guójìxiàn huànchéng, búyòng bànlǐ rùjìng shǒuxù.

A 我不知道换乘登机口号。
Wǒ bù zhīdào huànchéng dēngjīkǒu hào.

B 您过中转安检后，可以在航班显示屏上确认。
Nín guò zhōngzhuǎn ānjiǎn hòu, kěyǐ zài hángbān xiǎnshìpíng shang quèrèn.

Hint!

A 저는 환승해서 뉴욕에 가려고 하는데, 입국 수속을 해야 하나요 ?
B 국제선 환승은 입국 수속을 하실 필요가 없습니다.
A 저는 환승 탑승 게이트 번호를 모릅니다.
B 환승 보안 검색을 하신 후 항공편 전광판에서 확인하실 수 있습니다.

간체자 쓰기

획순	𝄆 𝄆 车 车 轩 轩 转 转	一 十 扌 机 机 机
转机 zhuǎnjī 비행기를 갈아타다	转　机 zhuǎnjī	

획순	一 十 扌 扌 扌 扩 扠 按 按
按 àn ~에 따라서, ~대로	按 àn

획순	丨 冂 冂 同 冋 囯 国 国	丨 冂 内 内
国内 guónèi 국내	国　内 guónèi	

획순	亠 亠 亠 方 方 扩 扩 旅 旅 旅	𠆢 𠆢 𠆢 𠆢 𠆢 余 余 途 途 途
旅途 lǚtú 여정, 여행길	旅　途 lǚtú	

획순	忄 忄 忄 忄 忄 忄 忄 愉 愉 愉 愉 愉	忄 忄 忄 忄 忄 快 快
愉快 yúkuài 즐겁다, 유쾌하다	愉　快 yúkuài	

12

특수 승객 안내

•••• **학습 목표** ㅣ UM 승객과 휠체어 승객 서비스 업무에 필요한 표현을 할 수 있다.

•••• **학습 내용** ㅣ ☐ 서수 第 ☐ 동태조사 过 ☐ 불특정함을 나타내는 有

☐ 부사 只

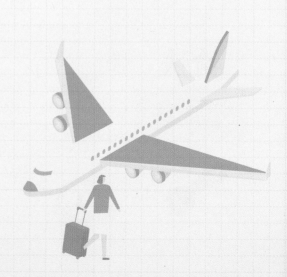

항공 상식과 Quiz

특수 승객에 대한 Special Care

항공사 특수 승객은 임산부, 시각 · 청각 장애우, 휠체어 승객, 비동반 소아 등을 말합니다. 항공 여행은 항공기라는 한정된 공간에서 보내는 여행이기 때문에 일반 승객도 힘들어 하는 경우가 많습니다. 따라서, 특수한 상황에 놓인 승객들은 일반 승객보다 더 많은 고충이 있을 수 있으므로 각 항공사에서는 특수 승객에 대한 Special Care를 지원하고 있습니다.

임산부의 경우 일반적으로 32주 이상부터는 비행 중에 위험한 상황이 발생할 수 있으므로 의사의 소견서나 진단서와 함께 건강상태 서약서를 같이 작성하여 제출해야 합니다. 비행 중에는 객실승무원이 수시로 임산부의 상태를 확인합니다. 37주 이상의 경우 승객의 안전을 위해 탑승할 수 없습니다.

시각 · 청각 장애우의 경우 지상직원이 탑승을 도와드리며, 탑승 후에는 객실승무원이 개별 안전 수칙을 전달하고 기내 시설 및 서비스에 대하여 별도로 안내합니다.

휠체어 승객은 거동이 불편하여 휠체어로 이동하는 승객을 말하며, 승객이 사용하는 휠체어 및 보행을 위한 기구는 항공사에서 무료 위탁 운송해 줍니다. 개인이 휠체어를 휴대하지 않은 경우 항공사에서 제공하는 휠체어로 체크인 카운터에서 게이트까지 이동이 가능하며, 기내 안에서도 기내용 휠체어를 사용할 수 있습니다.

비동반 소아는 UM(Unaccompanied Minor)이라고도 하며, 성인을 동반하지 않고 혼자 여행하는 만 5세 이상에서 만 11세(국내선은 만13세) 미만 어린이 승객을 말합니다. 비동반 소아의 경우 도착지 공항에 보호자가 마중을 나오게 되어 있으며, 탑승 시에는 지상직원의 안내를 받고 항공기 기내에서는 담당 승무원이 맞이합니다. 비행 동안 어린이 승객이 혼자 여행하는 것에 대한 불안감을 갖지 않도록 친근함을 표현하며 여러 가지 도움을 줍니다.

Quiz

1) 항공사의 특별 서비스를 받는 특수 승객 대상자는 어떤 사람인가요?
2) 임산부 승객이 항공 여행 시 제출해야 하는 서류는 무엇인가요?
3) 성인을 동반하지 않고 혼자 여행하는 어린이를 지칭하는 항공 용어는 무엇인가요?

단어

💬 회화 1

따라 쓰기 ✏️   🎧 12-01

无 wú 통 ~하지 않다

成人 chéngrén 명 성인

陪伴 péibàn 통 동반하다

儿童 értóng 명 어린이, 아동

小朋友 xiǎopéngyou 명 꼬마 친구
(어린이를 친근하게 부르는 말)

标志 biāozhì 명 표지, 마크, 로고

真 zhēn 부 정말, 참으로

聪明 cōngming 형 총명하다, 똑똑하다

第一 dì-yī 수 첫 번째, 맨 처음

去年 qùnián 명 작년, 지난해

暑假 shǔjià 명 여름 방학

过 guo 조 동사 뒤에서 경험을 나타냄

接 jiē 통 맞이하다, 마중하다

亲戚 qīnqi 명 친척

马上 mǎshàng 부 곧, 즉시

见到 jiàndào 통 만나다

姨母 yímǔ 명 이모

表姐 biǎojie 명 사촌 누나(언니)

💬 회화 2

🎧 12-02

所有 suǒyǒu 부 모든, 모두

申请 shēnqǐng 통 신청하다

轮椅 lúnyǐ 명 휠체어

名单 míngdān 명 명단

只 zhǐ 부 단지, 다만

儿子 érzi 명 아들

| 영어로 확인하기 | relative 亲戚 친척 | wheelchair 轮椅 휠체어 | list 名单 명단 |

그림 보고 말하기

제시된 그림을 보고 질문에 답하세요.

 보기

UM标志	取行李	姨母和表姐
UM biāozhì	qǔ xíngli	yímǔ he biǎojie

1. **小朋友拿着什么标志?** 꼬마 친구는 무슨 마크를 들고 있나요?
   Xiǎopéngyou názhe shénme biāozhì?

2. **他们要先做什么?** 그들은 무엇을 먼저 하려고 하나요?
   Tāmen yào xiān zuò shénme?

3. **谁来接小朋友?** 누가 꼬마 친구를 마중 나오나요?
   Shéi lái jiē xiǎopéngyou?

회화 1

 UM(无成人陪伴儿童, 비동반 소아) 승객 서비스　　🎧 12-03

地勤人员　**小朋友，你好！我可以看看你的UM标志吗？**
Xiǎopéngyou, nǐ hǎo! Wǒ kěyǐ kànkan nǐ de UM biāozhì ma?

旅客　**是这个吗？**
Shì zhège ma?

地勤人员　**对。你真聪明！你是第❶一次来首尔吗？**
Duì.　Nǐ zhēn cōngming! Nǐ shì dì-yī cì lái Shǒu'ěr ma?

旅客　**去年暑假的时候来过❷。**
Qùnián shǔjià de shíhou láiguo.

地勤人员　**好。那我们先去取行李，再出去找来接你的亲戚。**
Hǎo.　Nà wǒmen xiān qù qǔ xíngli, zài chūqu zhǎo lái jiē nǐ de qīnqi.

旅客　**我真想马上见到我的姨母和表姐。**
Wǒ zhēn xiǎng mǎshàng jiàndào wǒ de yímǔ hé biǎojie.

Unaccompanied Minor service
G Ground crew　P Passenger

G　Hello! May I see your UM sign?
P　Is that it?
G　Yes. You're so smart! Are you here for the first time in Seoul?
P　I came here last summer vacation.
G　Good. Then let's get our baggage and go out and find your relatives.
P　I'd like to see my aunt and cousin right away.

휠체어 승객 서비스 🎧 12-04

乘务员　请等一下。所有的乘客下机后，再帮您下飞机。
　　　　Qǐng děng yíxià. Suǒyǒu de chéngkè xiàjī hòu, zài bāng nín xià fēijī.

旅客　　好的。
　　　　Hǎo de.

乘务员　一会儿地勤人员会来帮您入境，请您准备好护照和入境卡。
　　　　Yíhuìr dìqín rényuán huì lái bāng nín rùjìng, qǐng nín zhǔnbèi hǎo hùzhào hé rùjìngkǎ.

旅客　　知道了。
　　　　Zhīdào le.

(승무원이 휠체어 승객을 지상직원에게 인계한 후)

地勤人员　您好！我先确认一下申请轮椅的旅客名单。
　　　　　Nín hǎo! Wǒ xiān quèrèn yíxià shēnqǐng lúnyǐ de lǚkè míngdān.

　　　　　您有几件行李？ 有❸人来接您吗？
　　　　　Nín yǒu jǐ jiàn xíngli? Yǒurén lái jiē nín ma?

旅客　　只❹有一件。 我儿子会来接我。
　　　　Zhǐ yǒu yí jiàn.　 Wǒ érzi huì lái jiē wǒ.

Wheelchair customer Service　　F Flight attendant　P Passenger　G Ground crew

F　Just a minute. All passengers get off the plane and help you off the plane.

P　All right.

F　A few minutes later, the staff will come to help you in. Please prepare your passport and arrival card.

P　Got it.
　　(Flight attendants hand over wheelchair customers to ground staff)

G　Hello! I'll check the list for the passenger wheelchair.
　　How many pieces of baggage do you have? Is anyone here to pick you up?

P　Only one. My son will come and fetch me.

 하기안내

女士们，先生们：
Nǚshìmen, xiānshengmen:

再次感谢您乘坐本次航班。
Zàicì gǎnxiè nín chéngzuò běn cì hángbān.

希望下次旅途再会。
Xīwàng xiàcì lǚtú zàihuì.

谢谢。
Xièxie.

希望 xīwàng 동 희망하다

손님 여러분께 안내 말씀드리겠습니다.
저희 항공편에 탑승해 주셔서 다시 한번 감사드립니다.
다음 여행에서 다시 만나 뵙기를 바랍니다.
감사합니다.

Ladies and gentlemen,
Thank you for choosing our airline.
And we hope to see you again soon on your next flight. Thank you.

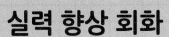

 감사 인사

STEP 1

다음 단어와 대화를 듣고 따라 읽으며 암기해 보세요.

🎧 12-06

- ☑ 一切 yíqiè
- ☐ 顺利 shùnlì
- ☐ 非常 fēicháng
- ☐ 服务员 fúwùyuán
- ☐ 照顾 zhàogù
- ☐ 辛苦 xīnkǔ
- ☐ 做 zuò

STEP 2

STEP 1을 가린 후 중국어로 말하고 써 보세요.

명 일체, 모든 것

형 순조롭다

부 대단히, 심히

명 (서비스업의) 종업원, 직원

동 돌보다, 보살펴 주다

동 고생(수고)하다

동 하다

🎧 12-07

儿子　妈妈！一切都顺利吧？
　　　Māma! Yíqiè dōu shùnlì ba?

旅客　非常顺利。服务员照顾得很周到。
　　　Fēicháng shùnlì. Fúwùyuán zhàogù de hěn zhōudào.

儿子　太感谢你们了。辛苦了。
　　　Tài gǎnxiè nǐmen le. Xīnkǔ le.

地勤人员　不客气。这是我们应该做的。
　　　Bú kèqi. Zhè shì wǒmen yīnggāi zuò de.

아들　어머니! (다 괜찮으셨어요)잘 오셨어요?

여객　직원분이 매우 세심하게 돌봐 주셔서 아주 순조롭게 잘 왔다.

아들　정말 감사합니다. 수고하셨습니다.

지상직원　천만의 말씀을요. 저희가 당연히 해야 할 일입니다.

어법

1. 서수 第

'서수'는 사물의 순서를 나타내는 수로, '첫째', '둘째', '셋째'처럼 순서를 매길 때 사용하는 수를 말합니다. 중국어에서는 서수를 표현할 때, 일반적으로 수사 앞에 '第'를 붙입니다. '第一次'는 '첫 번째', '최초'의 뜻이며, 서수를 나타낼 때 '一'는 성조 변화 없이 원래 성조인 제1성 그대로 발음합니다.

你是第一次来首尔吗?　　　서울은 처음 온 거예요?
Nǐ shì dì-yī cì lái Shǒu'ěr ma?

今天是我们在韩国的第三天。　　오늘은 한국에서 3일째 되는 날입니다.
Jīntiān shì wǒmen zài Hánguó de dì-sān tiān.

您的座位在第六排。　　당신의 좌석은 여섯 번째 줄에 있습니다.
Nín de zuòwèi zài dì-liù pái.

> **WORD** 韩国 Hánguó 몡 한국 | 排 pái 몡 줄, 열

그러나 항렬이나 편제, 등급 등을 나타낼 때는 '第'를 쓰지 않아도 됩니다.

二姐 둘째 언니(누나)　　　五月 5월　　　八楼 8층
èr jiě　　　　　　　wǔ yuè　　　　　bā lóu

2. 동태조사 过

'过'는 조사로 동사 뒤에 놓여 과거에 발생한 동작, 행위의 경험을 나타냅니다. 우리말의 '~한 적이 있다'에 해당하며, 경성으로 읽습니다.

去年暑假的时候来过。　　작년 여름 방학 때 왔었습니다.
Qùnián shǔjià de shíhou láiguo.

你看过这部电影吗?　　이 영화를 본 적이 있습니까?
Nǐ kànguo zhè bù diànyǐng ma?

> **WORD** 部 bù 양 영화를 세는 단위 | 电影 diànyǐng 몡 영화

부정형은 동사 앞에 '没'나 '没有'를 씁니다.

我没(有)去过上海。　　나는 상하이에 가 본 적이 없습니다.
Wǒ méi(yǒu) qùguo Shànghǎi.

> **WORD** 上海 Shànghǎi 몡 상하이

'过'는 동사로 쓰여 '보내다', '지내다'의 뜻을 나타내기도 합니다. 이때는 제4성으로 읽습니다.

你们也过春节吗?　　당신들도 설날을 지냅니까?
Nǐmen yě guò Chūnjié ma?

WORD　春节 Chūnjié 명 설날

3 불특정함을 나타내는 有

'有'는 사람이나 사물 앞에 쓰여 불특정한 사람이나 사물을 가리키며, 우리말의 '누군가', '어느', '어떤'에 해당합니다. 중국어에서는 정확한 대상을 주어로 쓰는 경향이 있으나 만약 불특정한 것이 주어로 와야 할 경우 '有'를 앞에 넣어 표현합니다.

有人来接您吗?　　누가 마중 나오시나요?
Yǒurén lái jiē nín ma?

有人知道他的电话号码吗?　　그의 전화번호를 아는 사람이 있나요?
Yǒurén zhīdào tā de diànhuà hàomǎ ma?

有一天晚上我做了一场梦。　　어느 날에 밤 나는 꿈을 꾸었다.
Yǒu yìtiān wǎnshang wǒ zuòle yì chǎng mèng.

WORD　场 chǎng 양 차례, 장면 | 梦 mèng 명 꿈

4. 부사 只

'只'는 부사로 형용사나 동사 앞에 위치하여 범위의 한정을 나타냅니다. 본문에서는 동작과 관련된 사물의 수량을 제한하여 '단지(오직) ~밖에 없다'의 의미로 쓰였습니다.

只有一件。　　(짐은) 한 개밖에 없습니다.
Zhǐ yǒu yí jiàn.

我只去过上海。　　저는 상하이만 가 봤습니다.
Wǒ zhǐ qùguo Shànghǎi.

今天我只吃了一顿饭。　　오늘 저는 한 끼밖에 안 먹었습니다.
Jīntiān wǒ zhǐ chīle yí dùn fàn.

WORD　顿 dùn 양 끼니, 번

연습 문제

1 녹음의 대화를 듣고 알맞은 사진을 고르세요. 🎧 12-08

A

B

1) _____

2) _____

2 녹음을 듣고 제시된 문장과 일치하면 O, 다르면 X를 표시하세요. 🎧 12-09

1) 去年暑假的时候来过。　　　　　　_____

2) 所有的乘客下机后，再帮您下飞机。　_____

3) 一会儿地勤人员会来帮您入境。　　　_____

3 〈보기〉에서 알맞은 답을 골라 문장을 완성하세요.

亲戚　　马上　　有人

1) _____来接您吗？

2) 我真想_____见到我的姨母和表姐。

3) 那我们先去取行李，再出去找来接你的_____。

제시된 단어를 바르게 배열하여 문장을 완성하세요.

1) 第一次   你   首尔   是   来   吗

_____ ?

2) 会   我儿子   接   来   我

_____ 。

3) 护照   您   和   入境卡   准备好   请

_____ 。

 그림을 보고 제시된 단어를 사용하여 문장을 만들어 보세요.

1)

申请轮椅旅客名单

_____

2)

接

_____

읽고 써 보며 재확인하기

STEP 1 오늘의 단어(선 연결하기)

亲戚	•	•	list	•	•	친척
轮椅	•	•	relative	•	•	명단
名单	•	•	wheelchair	•	•	휠체어

STEP 2 오늘의 회화(빈칸 채우기)

A 你是第一次来首尔吗?
Nǐ shì dì-yī cì lái Shǒu'ěr ma?

B 去年暑假的时候来过。
Qùnián _____ de shíhou láiguo.

A 好。
Hǎo.

那我们先去取行李，再出去找来接你的亲戚。
Nà wǒmen _____ qù qǔ xíngli, _____ chūqu zhǎo lái jiē nǐ de qīnqi.

B 我真想马上见到我的姨母和表姐。
Wǒ zhēn xiǎng mǎshàng jiàndào wǒ de yímǔ hé biǎojie.

Hint!

A 서울은 처음 온 거예요?
B 작년 여름 방학 때 왔어요.
A 그렇군요. 그럼 먼저 짐을 찾고, 마중 나온 친척을 만나러 나가요.
B 빨리 이모와 사촌누나를 만나고 싶어요.

STEP 3 오늘의 작문(빈칸 채우기)

A 您好!
Nín hǎo!

我先确认一下 _____ 轮椅的旅客名单。
Wǒ xiān quèrèn yíxià shēnqǐng lúnyǐ de lǚkè míngdān.

您有几件行李? 有人来接您吗?
Nín yǒu jǐ jiàn xíngli? Yǒurén lái jiē nín ma?

B _____ 有一件。我儿子会来接我。
Zhǐ yǒu yí jiàn. Wǒ érzi huì lái jiē wǒ.

Hint!

A 안녕하십니까!
휠체어 신청 명단을 먼저 확인하겠습니다.
짐이 몇 개 있습니까? 누가 마중 나오시나요?
B 짐은 한 개밖에 없고, 아들이 저를 데리러 올 겁니다.

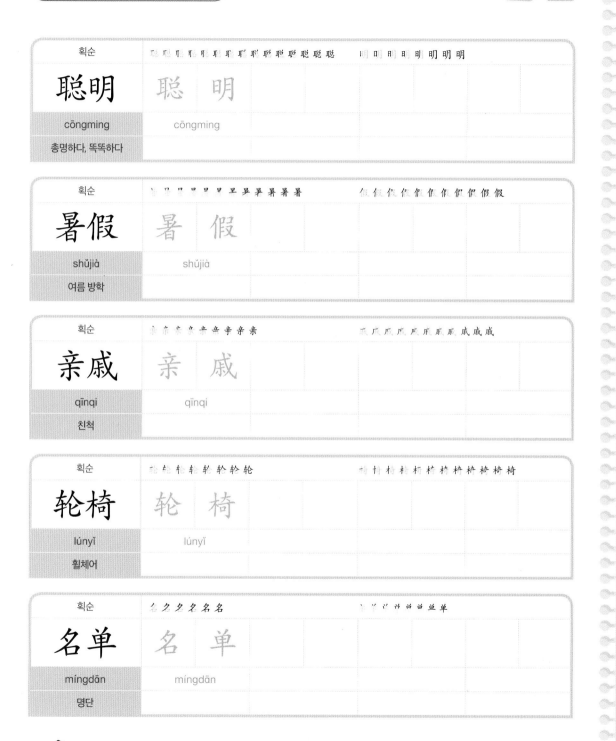

획순	耳 耳 耳 耳 耳 耳 耳 耶 聪 聪 聪 聪 聪 聪	明 明 明 明 明 明 明 明
聪明	聪 明	
cōngming	cōngming	
총명하다, 똑똑하다		

획순	日 日 日 旦 早 早 昇 昇 昇 暑 暑 暑	假 假 假 假 假 假 假 假 假 假 假
暑假	暑 假	
shǔjià	shǔjià	
여름 방학		

획순	亲 亲 亲 亲 亲 亲 亲 亲 亲	戚 戚 戚 戚 戚 戚 戚 戚 戚 戚 戚
亲戚	亲 戚	
qīnqi	qīnqi	
친척		

획순	轮 轮 轮 轮 轮 轮 轮 轮	椅 椅 椅 椅 椅 椅 椅 椅 椅 椅 椅 椅
轮椅	轮 椅	
lúnyǐ	lúnyǐ	
휠체어		

획순	名 夕 夕 名 名 名	单 单 单 单 单 单 单 单 单
名单	名 单	
míngdān	míngdān	
명단		

부록

- 해석
- 정답
- 단어 색인

해석

01

📜 회화 1

지상직원 안녕하십니까?

여객 탑승 수속을 하려고 합니다.

지상직원 여권을 제시해 주십시오.

여객 여기 있습니다.

📜 회화 2

지상직원 손님, 부치실 짐이 있습니까?

여객 네, 두 개 있습니다.

지상직원 짐을 이쪽에 놓아 주십시오.

여객 알겠습니다.

02

📜 회화 1

보안요원 노트북 있으십니까?

여객 네. 있습니다.

보안요원 컴퓨터는 바구니 안에 넣어 주십시오.

여객 알겠습니다.

보안요원 검색대를 통과해 주십시오.

📜 회화 2

여객 여기가 VIP 라운지입니까?

직원 네, 손님의 탑승권을 보여 주십시오.

여객 여기 있습니다.

직원 죄송합니다만, 지금은 손님이 다 차서 잠시 (몇 분만) 기다려 주시겠습니까?

여객 알겠습니다.

03

📜 회화 1

지상직원 지금부터 탑승을 시작하겠습니다. 노약자와 어린이 동반 손님께서 먼저 탑승해 주십시오.

여객 유모차를 부치려고 합니다.

지상직원 저에게 주세요.

여객 도착 후 어떻게 찾을 수 있습니까?

지상직원 도착 후 유모차 찾는 곳에서 찾으시면 됩니다.

📜 회화 2

지상직원 여러분, 탑승권과 여권을 준비해 주십시오.

여객 저 이 줄에 서도 됩니까?

지상직원 손님 좌석은 앞쪽이니 좀 기다려 주십시오.

여객 우리는 언제 탑승하나요?

지상직원 뒷좌석 손님이 먼저 탑승하신 후에 앞좌석 손님 탑승을 도와드리겠습니다.

04

📜 회화 1

승무원 어서 오십시오. 저에게 탑승권을 좀 보여 주십시오.

승객 여기 있습니다.

승무원 26A 좌석입니다. 저쪽 통로로 가십시오.

승객 제 자리가 복도 쪽입니까?

승무원 아닙니다. 창가 자리입니다.

승객 감사합니다!

📜 회화 2

승무원 도와 드릴까요?

승객 위쪽 선반이 다 찼네요.

승무원 잠시만 기다려 주세요. 맞은편 선반에 공간이 있습니다.

승객	그럼 그곳에 넣겠습니다.
승무원	제가 짐을 넣어 드리겠습니다.
승객	네, 감사합니다!

05

💬 회화 1

승무원	좌석벨트를 매 주십시오.
승객	제 좌석벨트가 너무 느슨합니다!
승무원	이 끈을 당겨서 조절해 주십시오.
승객	지금 담요를 주실 수 있나요?
승무원	잠시만 기다려 주십시오. 잠시 후에 가져다 드리겠습니다.

💬 회화 2

승무원	저희 비행기가 곧 이륙합니다
승객	휴대전화를 사용할 수 있습니까?
승무원	이륙 후에 가능합니다. 지금은 전원을 끄거나 비행 모드로 전환해 주십시오.
승객	창문덮개를 닫아도 됩니까?
승무원	아니요. 이륙 시에는 창문덮개를 열어야 합니다.

06

💬 회화 1

승무원	실례합니다. 음료는 무엇으로 하시겠습니까?
승객	어떤 음료들이 있습니까?
승무원	주스, 콜라 그리고 생수가 있습니다.
승객	저는 따뜻한 차를 주세요.
승무원	홍차로 드릴까요 아니면 우롱차로 드릴까요?
승객	우롱차 주세요.
승무원	컵을 여기에 올려 주십시오. 뜨거우니 조심하십시오.

💬 회화 2

승무원	여러분 식사 테이블을 내려 주십시오.
승객	어떤 메뉴들이 있나요?
승무원	소고기와 생선이 있습니다. 어떤 걸로 드릴까요?
승객	소고기로 주세요. 그리고 커피도 주세요.
승무원	커피는 잠시 후에 가져다 드리겠습니다.
승객	고추장이 있습니까?
승무원	네, 잠시 기다려 주십시오. 제가 가져다 드리겠습니다.

07

💬 회화 1

승무원	지금부터 기내 면세품 판매를 시작하겠습니다.
승객	화장품을 사고 싶은데, 추천 좀 해 주실 수 있나요?
승무원	본인이 사용하실 건가요 아니면 선물하실 건가요?
승객	어머니와 여자 친구에게 주려고요.
승무원	요즘 이 상품이 아주 잘 팔립니다. 이 책을 참고하실 수 있습니다.
승객	알겠습니다, 감사합니다.

💬 회화 2

승객	실례지만, 이 상표의 위스키가 있나요?
승무원	죄송합니다. 이 상품은 이미 다 팔렸습니다.
승객	그럼 초콜릿 두 박스 살게요.
승무원	네. 현금으로 하시겠습니까 카드로 하시겠습니까?
승객	위안화로 지불할 수 있습니까?
승무원	가능합니다. 거스름돈과 영수증입니다.

08

회화 1

승무원   서울로 가십니까?

승객1   예.

승무원   입국 신고서와 세관 신고서입니다.

승객1   신고할 것이 없는 것 같은데요.

승무원   그래도 모두 작성하셔야 합니다. 가족이시면 신고서 한 장만 작성하시면 됩니다.

승객2   저는 환승객인데, 작성해야 하나요?

승무원   그러면 손님은 작성하실 필요가 없습니다.

회화 2

승객   승무원, 입국 신고서를 어떻게 작성해야 할지 잘 모르겠어요.

승무원   제가 도와드리겠습니다. 내용은 영어로 작성해 주십시오.

승객   입국 목적은 어떻게 작성하나요?

승무원   제가 좀 보겠습니다. 여기 몇 가지 항목 중 하나를 고르시면 됩니다.

승객   감사합니다.

승무원   아닙니다. 아래에 서명해 주십시오.

승객   오! 봤습니다. 감사합니다.

09

회화 1

승무원   비행기가 하강하기 시작했습니다. 좌석벨트를 매셨는지 다시 한번 확인해 주십시오.

승객   승무원, 비행기는 대략 몇 분 후에 인천공항에 도착하나요?

승무원   대략 20분 정도 후입니다.

승객   베이징과 서울의 시차는 몇 시간입니까?

승무원   베이징이 한 시간 늦습니다.

승객   그럼 시계를 맞춰야겠어요.

회화 2

승무원   비행기가 아직 활주(택싱) 중이니 좌석벨트를 계속 하고 계십시오.

승객1   제 짐이 저쪽에 있어서, 꺼내야겠어요.

승무원   비행기가 아직 완전히 멈추지 않았으니 앉아 주십시오.

(일행인 승객2가 승객1에게)

승객2   서두르지 마! 어서 좌석벨트 매.

승객1   아까 안내 방송에서 오늘 서울이 몇 도라고 했지?

승객2   31도. 서울이 베이징보다 좀 시원하네.

승무원   신사 숙녀 여러분, 비행기가 이미 멈췄습니다. 저희 비행기에 탑승해 주셔서 감사드리며 다음에 또 뵙겠습니다.

10

회화 1

여객   실례합니다, 어디서 짐을 찾아야 하나요?

지상직원   어느 항공편을 타고 오셨습니까?

여객   베이징에서 출발한 DY5804입니다.

지상직원   DY5804편의 수하물 수취대는 6번입니다.

여객   그래요? 그런데 짐이 몇 개 없는 것 같아요.

지상직원   네. 아직 짐이 다 안 나왔습니다. 잠시 기다려 주십시오.

여객   그럼 화장실에 다녀온 후, 짐을 찾으면 되겠네요.

회화 2

지상직원   무엇을 도와드릴까요?

여객   제 짐을 못 찾겠어요. 어떻게 하죠?

지상직원   걱정하지 마십시오! 탑승권과 수하물표를 보여 주십시오.

여객   여기요. 캐리어 네임 태그에 제 주소와 전화번호가 적혀 있어요.

지상직원 아마도 다른 사람이 잘못 가져간 것 같습니다. 저희가 찾은 후에 보내 드리겠습니다.

여객 찾을 수 있겠죠?

지상직원 최선을 다해 찾아 드리겠습니다.

11

📖 회화 1

여객 저는 비행기를 갈아타야 하는데, 실례지만 어디로 가죠?

지상직원 탑승권 좀 보여 주십시오. 국내선으로 갈아 타시는 것 맞습니까?

여객 네. 환승해서 부산에 갑니다.

지상직원 그럼 환승 안내판을 따라가시면 됩니다.

여객 환승 시간까지 세 시간이 남았는데, 쉴 수 있는 공간이 있나요?

지상직원 4층에 라운지, 환승 호텔, 샤워실과 카페가 있습니다.

여객 감사합니다.

📖 회화 2

여객 저는 환승해서 뉴욕에 가려고 하는데, 입국 수속을 해야 하나요?

지상직원 국제선 환승은 입국 수속을 하실 필요가 없습니다.

여객 저는 환승 탑승 게이트 번호를 모릅니다.

지상직원 환승 보안 검색을 하신 후 항공편 전광판에서 확인하실 수 있습니다.

여객 알겠습니다. 감사합니다.

지상직원 즐거운 여행 되십시오.

12

📖 회화 1

지상직원 꼬마 친구, 안녕! UM 마크를 좀 봐도 될까요?

여객 이거요?

지상직원 맞아요. 정말 똑똑하네요! 서울은 처음 온 거예요?

여객 작년 여름 방학 때 왔었어요.

지상직원 그렇군요. 그럼 우리 먼저 짐을 찾고, 마중 나온 친척을 만나러 나가요.

여객 빨리 이모와 사촌누나를 만나고 싶어요.

📖 회화 2

승무원 잠시 기다려 주십시오. 모든 승객이 내리신 후 하기를 도와드리겠습니다.

여객 네, 알겠습니다.

승무원 잠시 후 지상직원이 입국을 도와드릴 것입니다. 여권과 입국 신고서를 준비해 주십시오.

여객 알겠습니다.

(승무원이 휠체어 승객을 지상직원에게 인계한 후)

지상직원 안녕하십니까! 휠체어 신청 명단을 먼저 확인하겠습니다. 짐이 몇 개 있습니까? 누가 마중 나오시나요?

여객 짐은 한 개밖에 없고, 아들이 저를 데리러 올 겁니다.

정답

01

✗ 항공 상식과 Quiz

1) 100ml 이하 용기에 담아 투명 비닐 지퍼백에 넣은 경우 1인당 1L짜리 한 개까지는 기내 반입이 가능하다.
2) 위탁 수하물 처리
3) 분말가루로 만든 폭발물이 항공기 테러에 이용될 가능성에 따른 조치이다.

✗ 그림 보고 답하기

1. 他要托运行李。
2. 他有两件行李。
3. 他要去北京。

✗ 연습 문제

1. 1) A   2) B

> 녹음 스크립트
>
> 1) A: 您有行李要托运吗？
>   B: 有，两件。
> 2) A: 你好!
>   B: 你好!

2. 1) X   2) X   3) O

> 녹음 스크립트
>
> 1) 我要办理手续。
> 2) 护照请放这边。
> 3) 请出示您的护照。

3. 1) 的   2) 要   3) 办理

4. 1) 行李请放这边。
   2) 请出示您的护照。
   3) 我要办理登机手续。

5. 1) 请出示您的护照。
   2) 我要办理登机手续。

✗ 읽고 써 보며 재확인하기

STEP 1 护照 passport 여권
        托运 consign 운송을 위탁하다
        行李 baggage 짐 , 수하물
STEP 2 yào, hùzhào
STEP 3 两件，好的

02

✗ 항공 상식과 Quiz

1) 제2여객터미널
2) 탑승 수속(탑승권 수취 및 수하물 위탁)
3) 만 19세 이상 대한민국 국민은 사전 등록 없이 바로 자동 출입국 심사를 이용할 수 있다.

✗ 그림 보고 답하기

1. 她有手提电脑。
2. 手提电脑放筐里。
3. VIP休息室客人已满。

✗ 연습 문제

1. 1) B   2) A

> 녹음 스크립트
>
> 1) A: 您有手提电脑吗？
>   B: 有。
> 2) A: 请出示您的登机牌。
>   B: 给您。

2. 1) X   2) X   3) O

> 녹음 스크립트
>
> 1) 电脑请放到筐里。
> 2) 请出示您的登机牌。
> 3) 对不起，现在客人已满。

3. 1) 通过   2) 到   3) 几

4. 1) 您有手提电脑吗？
   2) 请出示您的登机牌。
   3) 请您等几分钟，好吗？

5. 1) 您有手提电脑吗？
   2) 这里是VIP休息室吗？

✗ 읽고 써 보며 재확인하기

STEP 1 手提电脑 laptop 노트북
        休息室 lounge 라운지
        登机牌 boarding pass 탑승권
STEP 2 diànnǎo, tōngguò
STEP 3 出示，客人

✖ 항공 상식과 Quiz

1) 체크인 카운터 업무
2) 어학 성적(토익)
3) CRS 자격증

✖ 그림 보고 답하기

1. 他们在准备登机。
2. 老人和小孩先登机。
3. 他要托运婴儿车。

✖ 연습 문제

1. 1) B   2) A

> 녹음 스크립트
>
> 1) A: 我要托运婴儿车。
>   B: 请给我。
> 2) A: 我们什么时候登机?
>   B: 后排的客人先登机，然后再办
>   理前排的客人。

2. 1) X   2) O   3) O

> 녹음 스크립트
>
> 1) 我要托运行李。
> 2) 您的座位在前面，请稍等。
> 3) 我可以在这里排队吗?

3. 1) 了   2) 怎么   3) 好

4. 1) 我要托运婴儿车。
   2) 我们什么时候登机?
   3) 后排的客人先登机。

5. 1) 我们什么时候登机?
   2) 到达后在婴儿车领取处领取。

✖ 읽고 써 보며 재확인하기

STEP 1 婴儿车 stroller 유모차
        领取 receive 수령하다
        排队 line up 줄을 서다
STEP 2 tuōyùn, zěnme
STEP 3 准备好，座位

04

✖ 항공 상식과 Quiz

1) 글로벌 감각을 키울 수 있다.
2) 안전 업무와 기내서비스 업무
3) 비상 착륙 훈련, 비상 착수 훈련, 심폐 소생술 훈련 등

✖ 그림 보고 답하기

1. 他的座位是靠窗的位置。
2. 上边行李架里都满了。
3. 对面行李架上还有地方。

✖ 연습 문제

1. 1) B   2) A

> 녹음 스크립트
>
> 1) A: 我的座位是过道边吗?
>   B: 不是，是靠窗的位置。
> 2) A: 对面行李架上还有地方。
>   B: 那就放那儿吧。

2. 1) O   2) X   3) X

> 녹음 스크립트
>
> 1) 您的座位是26A。
> 2) 您的座位是靠窗的位置。
> 3) 对面行李架里都满了。

3. 1) 一下   2) 那   3) 帮

4. 1) 需要我帮忙吗?
   2) 请走那边的通道。
   3) 对面行李架上还有地方。

5. 1) 我的座位是过道边吗?
   2) 需要我帮忙吗?

✖ 읽고 써 보며 재확인하기

STEP 1 通道 aisle 통로
        靠窗的位置 window seat 창가 좌석
        行李架 overhead bin 선반
STEP 2 tōngdào, wèizhi
STEP 3 对面，帮

05

✖ 항공 상식과 Quiz

1) 기내 안전 점검 업무
2) 즉시 교체
3) 좌석벨트 착용 상태, 창문덮개 개방 유무, 수하물 선반의 정리 상태, 등받이 및 테이블 상태

✖ 그림 보고 답하기

1. 不可以。
2. 她的安全带太松了。
3. 她要毛毯了。

✖ 연습 문제

1. 1) B　　2) A

> 녹음 스크립트
>
> 1) A: 我可以关上遮光板吗?
>   B: 不可以。
> 2) A: 请系好安全带。
>   B: 好的。

2. 1) X　　2) X　　3) X

> 녹음 스크립트
>
> 1) 我们的飞机就要下降了。
> 2) 请您自己调整一下。
> 3) 现在我不需要毛毯。

3. 1) 就要，了　　2) 太，了　　3) 或

4. 1) 请系好安全带。
   2) 起飞以后可以用手机。
   3) 我可以关上遮光板吗?

5. 1) 起飞时要打开遮光板。
   2) 现在可以给我毛毯吗?

✖ 읽고 써 보며 재확인하기

STEP 1　安全带 seat belt 좌석벨트
　　　　起飞 take off 이륙하다
　　　　遮光板 window shade 창문덮개
STEP 2　ānquándài, Xiànzài
STEP 3　手机，关机

06

✖ 항공 상식과 Quiz

1) 타월의 습도 및 냄새
2) 카트를 이용한 방법과 트레이를 이용한 방법
3) 비빔밥

✖ 그림 보고 답하기

1. 他要吃牛肉。
2. 她要吃鱼。
3. 他还要咖啡。

✖ 연습 문제

1. 1) A　　2) B

> 녹음 스크립트
>
> 1) A: 都有什么饮料?
>   B: 有果汁、可乐和矿泉水。
> 2) A: 有牛肉和鱼，您要哪一种?
>   B: 我要牛肉。

2. 1) O　　2) X　　3) X

> 녹음 스크립트
>
> 1) 请把杯子放这儿，小心烫手。
> 2) 我要牛肉，还要乌龙茶。
> 3) 有果汁、咖啡和矿泉水。

3. 1) 还是　　2) 还　　3) 给

4. 1) 您要哪一种?
   2) 都有什么饮料?
   3) 请把杯子放这儿。

5. 1) 请各位打开小桌板。
   2) 咖啡一会儿给您送来。

✖ 읽고 써 보며 재확인하기

STEP 1　喝 drink 마시다
　　　　饮料 beverage 음료
　　　　咖啡 coffee 커피
STEP 2　kuàngquánshuǐ, háishi
STEP 3　小桌板，送来

07

✈ 항공 상식과 Quiz

1) 주류, 화장품, 향수, 액세서리, 초콜릿, 펜류, 어린이
   선물 용품 등
2) 항공기 기내 주문 판매
3) 귀국편 사전 주문 판매

✈ 그림 보고 답하기

1. 她想买巧克力。
2. 威士忌已经卖完了。
3. 她要用人民币支付。

✈ 연습 문제

1. 1) B   2) A

> 녹음 스크립트
>
> 1) A: 我想买化妆品。
>   B: 最近这个商品很热销。
> 2) A: 那我买两盒巧克力吧。
>   B: 好的。

2. 1) X   2) X   3) O

> 녹음 스크립트
>
> 1) 这是零钱和化妆品。
> 2) 您是付人民币还是刷卡？
> 3) 抱歉。这个商品已经卖完了。

3. 1) 和   2) 还是   3) 参考

4. 1) 能推荐一下吗？
   2) 最近这个产品很热销。
   3) 可以用人民币支付吗？

5. 1) 现在开始销售免税商品。
   2) 请问，有这个牌子的威士忌吗？

✈ 읽고 써 보며 재확인하기

STEP 1 免税 duty-free 면세
        牌子 brand 상표
        支付 pay 지불하다
STEP 2 xiāoshòu, háishi
STEP 3 抱歉，刷卡

✈ 항공 상식과 Quiz

1) 입국 신고서와 세관 신고서
2) 여권
3) 주류 1병, 담배 200개비, 향수 60ml

✈ 그림 보고 답하기

1. 他要去首尔。
2. 乘务员发给乘客入境卡和海关申报单。
3. 一家人的话，填写一张申报单就可以。

✈ 연습 문제

1. 1) A   2) B

> 녹음 스크립트
>
> 1) A: 您是去首尔吗？
>   B: 是。
> 2) A: 入境目的，怎么填写？
>   B: 我来看一下。在这几个项目
>   中，您可以选一个。

2. 1) X   2) X   3) O

> 녹음 스크립트
>
> 1) 内容请用汉语填写。
> 2) 一家人的话，要填写两张申报单。
> 3) 那您不需要填写。

3. 1) 入境卡   2) 不太   3) 客气

4. 1) 您是去首尔吗？
   2) 好像没有什么要申报的。
   3) 在这几个项目中，您可以选一个。

5. 1) 我是换乘的，也要填写吗？
   2) 入境目的，怎么填写？

✈ 읽고 써 보며 재확인하기

STEP 1 入境卡 arrival card 입국 신고서
        海关申报单 customs declaration form
        세관 신고서
        签名 sign 서명하다
STEP 2 rùjìngkǎ, Hǎoxiàng
STEP 3 填写，入境

✈ 항공 상식과 Quiz

1) 서류 전형, 면접, 체력 테스트, 신체 검사
2) 글로벌 어학 능력
3) 소통 능력

✈ 그림 보고 답하기

1. 北京慢一个小时。
2. 首尔今天31度。
3. 首尔比北京凉快一些。

✈ 연습 문제

1. 1) B   2) A

> 녹음 스크립트
>
> 1) A: 飞机大概几分钟后到仁川机场?
>   B: 大概20分钟左右。
> 2) A: 刚才广播说首尔今天几度?
>   B: 31度。

2. 1) X   2) X   3) X

> 녹음 스크립트
>
> 1) 北京快一个小时。
> 2) 飞机已经完全停稳了。
> 3) 首尔比北京热。

3. 1) 是否   2) 完全   3) 大概

4. 1) 飞机开始下降了。
   2) 快系上安全带吧。
   3) 感谢您乘坐我们的航班。

5. 1) 北京和首尔的时差是几个小时?
   2) 飞机还在滑行,请保持安全带系好。

✈ 읽고 써 보며 재확인하기

STEP 1 广播 broadcast 방송
        机场 airport 공항
        下降 descend 하강하다
STEP 2 shíchā, tiáo
STEP 3 滑行, 还没有

✈ 항공 상식과 Quiz

1) 수하물 수취대 번호
2) 크로스 픽업(Cross Pick-up)
3) 수하물 접수 센터

✈ 그림 보고 답하기

1. 她乘坐的是DY5804。
2. DY5804次航班的行李提取处在6号。
3. 地勤人员要看登机牌和行李票。

✈ 연습 문제

1. 1) B   2) A

> 녹음 스크립트
>
> 1) A: 您乘坐的是哪个航班?
>   B: 是从北京出发的DY5804。
> 2) A: 我找不到我的行李了,怎么办?
>   B: 别着急!

2. 1) X   2) X   3) O

> 녹음 스크립트
>
> 1) 行李全部都出来了。
> 2) 那我先取行李,再去洗手间。
> 3) 我们找到后会给您送过去的。

3. 1) 请问   2) 会   3) 行李票

4. 1) 但好像没几件行李。
   2) 也许别人拿错了。
   3) 有什么需要帮忙的吗?

5. 1) DY5804次航班的行李提取处在6号。
   2) 行李标签上有我的地址和电话。

✈ 읽고 써 보며 재확인하기

STEP 1 地址 address 주소
        行李提取处 baggage claim 수하물 수취대
        行李票 baggage tag 수하물표
STEP 2 qǔ, xíngli tíqǔchù
STEP 3 帮忙, 行李票

✈ 항공 상식과 Quiz

1) 경유
2) 환승

✈ 그림 보고 답하기

1. 他要转机。
2. 他换乘到釜山。
3. 他在找可以休息的地方。

✈ 연습 문제

1. 1) A　　　2) B

녹음 스크립트

1) A: 可以在航班显示屏上确认。
　 B: 知道了。谢谢你。
2) A: 您是换乘国内线，对吗？
　 B: 是的。我要换乘到釜山。

2. 1) X　　　2) O　　　3) X

녹음 스크립트

1) 我要登机。请问，往哪儿走？
2) 我要换乘到纽约。
3) 离转机时间还有五个小时。

3. 1) 按　　　2) 对吗　　　3) 祝

4. 1) 我看一下您的登机牌。
　 2) 不用办理入境手续。
　 3) 我不知道换乘登机口号。

5. 1) 我要转机。请问，往哪儿走？
　 2) 您可以在航班显示屏上确认。

✈ 읽고 써 보며 재확인하기

STEP 1　转机 transfer 비행기를 갈아타다
　　　　国际线 international flight 국제선
　　　　登机口 gate 탑승구
STEP 2　zhuǎnjī, zhǐshìpái
STEP 3　换乘，办理

12

✈ 항공 상식과 Quiz

1) 임산부, 시각·청각 장애인, 휠체어 승객, 비동반 소아
2) 의사 소견서 또는 진단서와 건강상태 서약서
3) 비동반 소아(UM)

✈ 그림 보고 답하기

1. 小朋友拿着UM标志。
2. 他们要先去取行李。
3. 小朋友的姨母和表姐来接他。

✈ 연습 문제

1. 1) A　　　2) B

녹음 스크립트

1) A: 我可以看看你的UM标志吗？
　 B: 是这个吗？
2) A: 请您准备好护照和入境卡。
　 B: 知道了。

2. 1) X　　　2) O　　　3) O

녹음 스크립트

1) 今年暑假的时候来过。
2) 所有的乘客下机后，再帮您下飞机。
3) 一会儿地勤人员会来帮您入境。

3. 1) 有人　　　2) 马上　　　3) 亲戚

4. 1) 你是第一次来首尔吗？
　 2) 我儿子会来接我。
　 3) 请您准备好护照和入境卡。

5. 1) 我先确认一下申请轮椅的旅客名单。
　 2) 我儿子会来接我。

✈ 읽고 써 보며 재확인하기

STEP 1　亲戚 relative 친척
　　　　轮椅 wheelchair 휠체어
　　　　名单 list 명단
STEP 2　shǔjià, xiān, zài
STEP 3　申请，只

단어 색인

O

P

N

Q

Y

Z

외국어 출판 40년의 신뢰
외국어 전문 출판 그룹
동양북스가 만드는 책은 다릅니다.

40년의 쉼 없는 노력과 도전으로 책 만들기에 최선을 다해온 동양북스는
오늘도 미래의 가치에 투자하고 있습니다.
대한민국의 내일을 생각하는 도전 정신과 믿음으로 최선을 다하겠습니다.

동양북스

📖 동양북스 추천 교재

회화 코스북

일본어뱅크 다이스키
STEP 1 · 2 · 3 · 4 · 5 · 6 · 7 · 8

일본어뱅크
좋아요 일본어 1 · 2 · 3

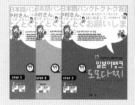

일본어뱅크 도모다찌
STEP 1 · 2 · 3

분야서

일본어뱅크
NEW 스타일 일본어 문법

일본어뱅크
일본어 작문 초급

일본어뱅크
사진과 함께하는
일본 문화

일본어뱅크
항공 서비스 일본어

가장 쉬운 독학
일본어 현지회화

수험서

일취월장 JPT
독해 · 청해

일취월장 JPT
실전 모의고사 500 · 700

일단 합격하고 오겠습니다
JLPT 일본어능력시험
N1 · N2 · N3 · N4 · N5

일단 합격하고 오겠습니다
JLPT 일본어능력시험
실전모의고사 N1 · N2 · N3 · N4/5

단어 · 한자

특허받은
일본어 한자 암기박사

일본어 상용한자 2136
이거 하나면 끝!

일본어뱅크
New 스타일 일본어 한자 1 · 2

가장 쉬운 독학
일본어 단어장

일단 합격하고 오겠습니다
JLPT 일본어능력시험
단어장 N1 · N2 · N3

중국어뱅크 북경대학 신한어구어
1 · 2 · 3 · 4 · 5 · 6

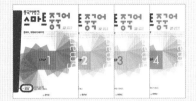

중국어뱅크 스마트중국어
STEP 1 · 2 · 3 · 4

중국어뱅크 집중중국어
STEP 1 · 2 · 3 · 4

중국어뱅크
문화중국어 1 · 2

중국어뱅크
관광 중국어 1 · 2

중국어뱅크
여행실무 중국어

중국어뱅크
호텔 중국어

중국어뱅크
판매 중국어

중국어뱅크
항공 서비스 중국어

중국어뱅크
시청각 중국어

정반합 新HSK
1급 · 2급 · 3급 · 4급 · 5급 · 6급

버전업! 新HSK 한 권이면 끝
3급 · 4급 · 5급 · 6급

버전업! 新HSK
VOCA 5급 · 6급

가장 쉬운 독학 중국어 단어장

중국어뱅크
중국어 간체자 1000

특허받은
중국어 한자 암기박사

📖 동양북스 추천 교재

기타외국어 교재의 최강자, 동양북스 추천 교재

중고급 학습

첫걸음 끝내고 보는
프랑스어
중고급의 모든 것

첫걸음 끝내고 보는
스페인어
중고급의 모든 것

첫걸음 끝내고 보는
독일어
중고급의 모든 것

첫걸음 끝내고 보는
태국어
중고급의 모든 것

단어장

버전업! 가장 쉬운
프랑스어 단어장

버전업! 가장 쉬운
스페인어 단어장

버전업! 가장 쉬운
독일어 단어장

여행 회화

NEW 후다닥
여행 중국어

NEW 후다닥
여행 일본어

NEW 후다닥
여행 영어

NEW 후다닥
여행 독일어

NEW 후다닥
여행 프랑스어

NEW 후다닥
여행 스페인어

NEW 후다닥
여행 베트남어

NEW 후다닥
여행 태국어

수험서 · 교재

한 권으로 끝내는 DELE
어휘 · 쓰기 · 관용구편 (B2~C1)

수능 기초 베트남어
한 권이면 끝!

버전업!
스마트 프랑스어

일단 합격하고 오겠습니다
독일어능력시험
A1 · A2 · B1 · B2(근간 예정)